JN125546

現代人口経済学

松浦 司／著

日本評論社

はじめに

　人口経済学（Population Economics）という分野は日本では、残念ながらそれほどメジャーな科目ではない。人口経済学だけでなく、人口学（Demography）も日本の大学ではごく少数の大学を例外とすると講座がなく、教科書も2010年以降のものとしては、歴史的なアプローチが中心の杉田菜穂『人口論入門』を除くと、ほとんど存在しない。2000年以降のものに範囲を広げても、経済学の視点から人口問題を説明した加藤久和『人口経済学』や『人口経済学入門』、社会人口学の視点からの阿藤誠『現代人口学』、発展途上国の人口問題に多くのページを割いている河野稠果『世界の人口』、形式人口学から人口問題を説いた河野稠果『人口学への招待』、エクセルを用いた形式人口学の計算演習が充実している和田光平『Excelで学ぶ人口統計学』など少数しか存在しない。

　一方、人口学や人口経済学が扱う対象である人口問題は、現代日本において非常に重要な課題である。例えば、少子高齢化問題が新聞で扱われない日がないといっても過言ではない。少子高齢化などの人口構造は日本社会の経済制度、社会関係、家族関係、政治構造の基底に存在し、経済、社会、家族、政治領域の諸問題に影響を及ぼす。一例をあげると、経済成長や失業、社会保障、格差や貧困問題といった日本経済の諸問題の背景に人口問題が存在している。一方、日本では人口減少が問題となっているが、世界に目を転じると、発展途上国では人口増加が現在も大きな問題として存在している。人口増加と貧困はマルサスの時代から問題視されていたが、現在も多くの発展途上国では高い出生率が経済成長を抑制し、貧困を深刻化する一因となっている。

　このように、人口問題が重要な政策課題となったために、多くの論者が少子高齢化をはじめとした人口問題を論じている。しかし、残念ながら、彼らのなかには人口学の基本的な概念を理解していなかったり、人口指標を誤って用いたりすることで、誤解を招くような説明を行っているものが少なからず存在する。そこで、本書でははじめに人口問題を合計（特殊）出生率、平均寿命、従属人口指数といった基礎的な人口に関する指数の定義を取り上げる。次に、人口学の基礎的

な理論である人口転換論によって人口構造が歴史的にどのように変遷してきたのかについて説明する。さらに、現在、日本の大きな課題である経済成長、年金をはじめとする社会保障問題、格差や貧困が人口問題とどのような関係があるのかについて取り上げる。経済成長に関しては成長会計、格差についてはジニ係数、貧困については貧困率といった、経済学や社会保障論で用いられる基礎的な概念の定義を説明する。そのうえで、それらの指標を使用しながら、日本や世界の人口構造と経済状態、格差や貧困の現状について解説したい。つまり、本書では人口学をはじめとする各分野で用いられる基本的な指数や概念の定義を丁寧に説明したうえで、指数や定義から「何を言えるのか」、逆に「何が言えないのか」についてデータを用いながら明らかにしたい。

　本書の特徴は2つある。1つは、人口経済学や人口学と密接に関連する他の分野にも可能な限り配慮した。例えば、少子高齢化が経済成長や格差に対する影響はマクロ経済学と、少子高齢化社会における就業促進政策とその具体化を目的とする「働き方改革」については労働経済学と、高齢化が年金、医療、介護に与える影響については社会保障論と、発展途上国の人口と貧困の関係は開発経済学と関連する。人口問題は社会経済の基礎であり、さまざまな学問分野と関連性があることから、人口問題を学ぶことが他の関連分野を理解する手掛かりとなる。さらに、本書は経済学からのアプローチから主に書かれているが、人口学は経済学だけでなく、社会学、歴史学、政治学といった分野とも密接に関連するために、それらの近接分野の議論も紹介している。

　もう1つは、人口経済学や隣接分野の比較的最近の国内外の統計的手法を用いた実証論文を数多く紹介している。統計学と人口学に関しては、人口の増減、出生率、死亡率、人口構成を分析する人口統計学という分野が存在し、本書もはじめにそれらの指標を説明する。それに加えて、近年、経済学では理論研究だけでなく、データを使用して、統計学の手法に基づき因果関係を識別するという実証研究の蓄積が進みつつある。また、実証分析の経済学内におけるヒエラルキーも徐々に変化して[1]、実証研究者も経済学の一角を占めると認知されるようになっ

---

1) かつてレイヨンフーヴッドが指摘したように、「エコン族の生態」のなかで、純粋理論を研究する数理経済学者が最上位、データを扱う応用計量経済学者が最下位に位置付けられた。

た。また、最近では政策の実施においてはエビデンスを求めるという、EBPM（Evidence-Based Policy Making）が強調されるようになった。さらに、エビデンスを得る手法も、A集団とB集団にランダムに分け、A集団にのみ特定の処置を行い、その処置の効果を測定するRCT（Randomized Controlled Trial）＝ランダム化比較試験などをはじめとして、因果性を識別するさまざまな手法が開発されてきている。そこで、本書では人口や人口関連分野の因果関係の識別を行っている論文を紹介した。興味がある読者は、参考文献を手掛かりに、実際に読んで頂きたい。

　以上のような特徴が本書には存在する。しかしながら、非常に重要な課題であるにもかかわらず、本書で取り上げなかったテーマも存在する。第1に、人口の地域間移動の問題である。人口の増減は出生数、死亡数、移動数によって決まるため、地域間移動は人口水準を決定する重要な要因である。国立社会保障・人口問題研究所においても、人口関連の2つの部のうちの1つは人口移動を扱う人口構造研究部であることからもわかるように、人口の地域間移動は重要性が高い。第2に、人口移動にも関連する外国人労働者の受入れについては、15章で外国人介護労働者に関して若干は触れたものの、大きくは扱わなかった。少子高齢化がもたらす労働力人口の減少に対して、女性や高齢者の就業促進だけではなく、外国人労働者の受入れも重要な課題である。一方、外国人労働者の受入れは賃金の下落を招く可能性がある。このように外国人労働者の受入れは賛否両論があり、今後の日本にとって重要な論点となる。第3に、結婚に関してである。日本の合計出生率の低下については、結婚する人の低下（有配偶率）と結婚している人がどのぐらい子どもを産むか（有配偶出生率）で決まる。次章以降で述べるように、日本では有配偶率が低下していることが合計出生率の低下に影響している。このため、日本の有配偶率の低下の分析は重要である。これら3つの論点はいずれも重要であるのは間違いない。しかし、本書で想定する30回（4単位分）の授業内ですべてを網羅することはできないために、重要であることを認識しつつも、今回は取り上げることができなかった。

　本書は大きく分けると、第四部から構成される。第1部では形式人口学と言われる分野を扱い、主に人口統計の指標を説明する。第1章では「国勢調査」などの日本の人口統計について述べたうえで、人口構造を視覚的に考察できる人口ピラミッドや、人口構造の指標として高齢化率、従属人口指数を取り上げる。ま

た、それらの指標を使用して、日本の高齢化が急速に進展したことを述べる。第2章では出生率の指標を説明する。もっとも単純な指標として粗出生率がある。しかしながら、粗出生率は年齢構成の違いを考慮しておらず、年齢構成の違いを考慮した合計（特殊）出生率の有用性を解説する。また、年齢別出生率と年齢別死亡率が得られると人口推計ができることを簡単な数値例を用いて説明する。さらに、安定人口モデルを取り上げ、このモデルを用いて高齢化がどのような要因によって決定されるのかを説明したい。第3章では生命表の概念を用いて、平均寿命がどのように計算されるのかを説明する。そのうえで、60歳時点での平均余命が伸びていることなどを説明する。

　第2部は人口学の歴史と理論について説明する。第4章では経済が発展するにつれて、まず死亡率が低下して、さらに出生率が低下するために、多産多死から多産少死、そして少産少死へと推移するという人口転換論について説明する。そのうえで、多産多死の時代では経済が発展してもそれに合わせて人口が増加することで、一人当たり国民所得は長期的には一定水準に保たれるというマルサスの罠が生じていたことを示す。また、マルサスの罠から脱却する契機となった近代経済成長についても解説する。第5章では死亡率が低下して人口が増加する局面について説明する。さらに、先進国では経済成長に合わせた人口成長を達成したが、途上国では経済成長を伴わない死亡率の改善によって人口が増加することで貧困化が進んだことを説明する。第6章では戦後の先進国を対象として、経済が発展すると出生率が低下するというマルサスの罠と全く異なった状況を説明したうえで、なぜ経済成長と出生率が負の関係になったのかを説明する理論をいくつか取り上げる。

　第3部では人口が経済成長に与える影響について説明したうえで、少子高齢化に直面した日本において望まれる政策とその実現に向けた課題について説明したい。第7章では成長会計を取り上げて、経済成長の直接的な決定要因として資本成長、労働力成長、技術進歩があることを示す。そのうえで、第8章で人口減少や少子高齢化が資本蓄積、労働力成長、技術進歩に与える影響を説明する。その結果、適切な政策が行われないならば、少子高齢化は資本蓄積、労働力成長、技術進歩に負の影響をもたらすことで経済成長率を低下させることを示したい。第9章では少子高齢化社会において望まれる政策として、女性の就業促進について取り上げる。女性の社会進出は出生率を低下させるという議論が存在するが、近

年では必ずしも女性の社会進出が出生率を抑制するわけではないという研究など
を紹介する。第10章では高齢者の就業促進を取り上げる。高齢者の就業に関して
は、第3章でも述べたように高齢者の平均余命が上昇していることや日本の高齢
者の就業意欲が高いことを明らかにする。このため、高齢者の就業促進が今後は
必要になるが、高齢者の就業を促進するためにはいくつかの課題があることを示
したい。第11章では教育投資による人的資本蓄積について述べる。さらに、日本
のような災害が多い国では教育投資が特に重要であることを述べる。しかしなが
ら、日本では教育への投資が少ないことを明らかにし、なぜ日本では教育投資が
少ないのかについて論じたい。

　第4部では少子高齢化と格差・貧困の関連を述べたうえで、格差や貧困を防止
する手段としての社会保障の役割について説明する。第12章ではピケティの議論
を用いて少子高齢化と格差の関係を説明したうえで、格差の指標であるジニ係数
や貧困の指標である相対的貧困率を解説する。第13章は社会保障の概略を解説
し、特に公的扶助と社会保険の違いを説明した。そのうえで、高齢化が進展し、
社会保障財政が急激に上昇していることを示す。さらに日本の貧困のなかで特に
高齢者の貧困と母子世帯を取り上げる。高齢者の貧困については、単身高齢者の
急増が一つの要因になっていることを論じたうえで、母子世帯と子どもの貧困の
問題を考察する。第14章では年金制度の仕組み、例えば賦課方式と積立方式の違
いについて解説をしたうえで、年金に関するいくつかの論点を紹介する。第15章
では高齢化が医療や介護に与える影響を論じるために、医療・介護保険制度の制
度と歴史を解説し、外国人介護労働者の受入れの現状と課題について説明した
い。

　本書は筆者が2009年から担当している中央大学の人口論の講義を基にして作成
したもので、毎年300人以上という多くの学生からのフィードバックによって改
善されてきた。また、人口論の講座の前任者である大淵寛氏や古郡鞆子氏から招
待して頂いた、（夏休みを除いて）毎月開催される人口学研究会での各発表者の研
究も大いに参考になっている。さらに、影山純二、小森谷徳純、サムレト・ソワ
ンルン、増田幹人の各氏から本書の内容に関して適切なアドバイスを頂戴した。
出版に際しては日本評論社の斎藤博氏に御助力いただいた。記して感謝したい。

　2019年11月

松浦　司

目　　次

第3部　人口が経済成長に与える影響

第4部　少子高齢化と社会保障

第 1 部

人口統計の指標

第1章

人口構造

　日本の人口は1950年では8300万人であった。戦後の日本の人口は一貫して増加し続けた。しかし、2000年代後半をピークにして日本は**人口減少社会**になった。2022年5月1日時点で1億2507万人で、これからも人口減少が続き、2050年には8900万人になることが予測されている。第2章で詳しく述べるが、合計出生率[1]は1970年代半ばには2を下回り、その後は現在に至るまで2を回復することはなかった。しかし、日本では少子化や人口減少が政策課題として意識されることは1980年代後半まで、ほとんどなかった。その理由としては、第一に、1980年代時点では合計出生率は2を下回っていたが、人口自体は増加していたことが挙げられる。第二に、日本は歴史的には「**過剰人口**」が問題にされており、人口減少に対する問題意識が低かったことが挙げられる。第三に、戦前の「産めよ殖やせよ」政策に対する忌避感が強く残っており、出生政策が子どもを持つ持たないという選択への政府による干渉につながるという批判が根強かったことが挙げられる。

　しかしながら、1989年の**合計出生率**が1966年の**丙午**のときの1.58を下回る1.57を記録した「**1.57ショック**」に至り、少子化問題が徐々に意識されるようになった。丙午とは、この干支のときに生まれた女性は気が強くなるという迷信に基づくものである[2]。それにもかかわらず、その後も出生率が長期的に人口を一定水準に保つ出生率である**人口置換水準**にまで回復することはなかった。現在の日本で仮に合計出生率が人口置換水準を上回る2.08まで回復したとしても、人口減少

　1）Total Fertility Rate。合計特殊出生率ともいわれる。
　2）『半七捕物帳』（岡本綺堂）の「松茸」でも丙午をテーマにしている。

が避けられない状況に至っている。簡単に説明すると、既に日本は出産可能な若い世代が少ない人口構造であるために、出生率が回復したとしても人口減少は避けられない。このため、出生率を回復させる政策だけでなく、人口減少や少子高齢化を前提とした社会制度を構築する必要がある。そこで、はじめに人口構造を分析するのに際して必要な人口統計データや人口を測定する指標について説明を行う。

1.1 人口統計

　すべての統計データは調査方法によって区分すると、**全数調査**と**標本調査**に分けられる。全数調査は調査対象をすべて調査するものであり、標本調査は調査対象全体（母集団）から一部（標本）を抽出して調査するものである。また、人口に限らず経済変数は**ストック変数**と**フロー変数**に分けられる。ストック変数はある時点の存在量であり、フロー変数は一定期間の変動量である。例えると、風呂桶に溜まっている水の量がストックであるとすると、一定時間の中で風呂桶に流入したり流出したりする水量がフローである。

　人口統計は出生、死亡などの人口のフローに関する人口動態の統計と、人口の規模、構造などの人口のストックに関する人口静態の統計に大別される。「**国勢調査**」は総務省統計局が実施する日本の代表的な人口統計である。国勢調査は全数調査であり、人口水準を記録する人口静態統計である。国勢調査は1920年に開始され、末尾が0か5の年に5年ごとに実施される。また、出生、死亡といった人口のフローに関する人口動態に関しては、厚生労働省の「人口動態統計」が存在する。国勢調査は先に述べたように5年ごとに実施しているが、国勢調査が行われない年の人口に関しては、**人口方程式**に基づいた推計人口を用いる。人口方程式とは以下のような式である。出生数が死亡数を下回れば自然減、流入数が流出数を下回れば社会減となる。

$$人口増減数 = 自然増 + 社会増$$
$$自然増 = 出生数 - 死亡数$$
$$社会増 = 流入数 - 流出数$$

このような人口方程式に基づいて、以下のように推計する。

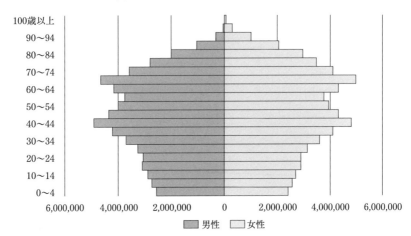

図1-1　日本の人口ピラミッド：2015年

100歳以上
90～94
80～84
70～74
60～64
50～54
40～44
30～34
20～24
10～14
0～4

6,000,000　　4,000,000　　2,000,000　　0　　2,000,000　　4,000,000　　6,000,000

■ 男性　□ 女性

（出所）総務省統計局『国勢調査』2015年

$$2016年10月1日の推計人口 = 2015年10月1日の人口$$
$$+ 2015年10月1日～2016年9月末の自然増$$
$$+ 2015年10月1日～2016年9月末の社会増$$

このように人口方程式は非常に単純なものであるが、人口推計に際して有効である。

1.2　人口ピラミッド

　次に人口構造を分析する方法について述べる。1つの方法としては、人口構造を視覚的に把握する方法である人口ピラミッドである。人口ピラミッドは一般に縦軸に年齢をとり、左側に男子人口、右側に女子人口をおき、0歳から積み上げた図である。長所としては、視覚的に人口構造の形状を理解できるため、各時点の人口ピラミッドの変化や異なる国の人口形状を比較することで、人口変動の様子や人口構造の違いを知ることができる[3]。**図1-1**と**図1-2**は日本とフィリピ

3）参考：人口学研究会編『現代人口辞典』

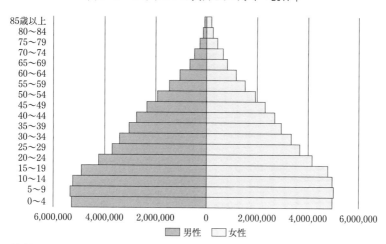

図1-2 フィリピンの人口ピラミッド：2017年

85歳以上
80〜84
75〜79
70〜74
65〜69
60〜64
55〜59
50〜54
45〜49
40〜44
35〜39
30〜34
25〜29
20〜24
15〜19
10〜14
5〜9
0〜4

6,000,000 4,000,000 2,000,000 0 2,000,000 4,000,000 6,000,000

男性 　女性

（出典）2017 Philippines Statistical Yearbook

ンの人口ピラミッドである。2015年の日本の総人口は1億2709万人であるのに対して、2015年のフィリピンの総人口は1億人で、似たような人口規模となっている。しかしながら、人口水準は似ていても人口分布は全く異なっており、フィリピンの場合は低年齢層の人口が多く、年齢が上昇するにつれて人口が減少する**富士山型（ピラミッド型）**をしている。一方、日本は高年齢層の人口が多く、低年齢層の人口が少ない**つぼ型**の形状をしている。

図1-3は日本、フィリピン、タイ、ベトナムの人口推移を示したものである。1990年時点ではフィリピンの人口は6000万人であり、日本の半分以下であった。その後、フィリピンは他の東南アジアのタイやベトナムと比べても急激な人口成長を遂げた。今後もフィリピンは人口成長が続き、2020年代には日本の人口を超えると予想されている。この背景には年齢構造の違いがある。フィリピンの方が子どもを多く産むことのできる若年層が多いというように、年齢構造が異なる。このため、仮に合計出生率が同じであっても、フィリピンのような人口構造をしている国の人口は増加し、日本のような人口構造をしている国は人口が減少する。このことを次章で数値例を使って説明する。

　一般に経済が発達すると、はじめに死亡率が低下し、その後に出生率が低下する。このため、**多産多死**から**多産少死**となり、やがて**少産少死**に移行する。それ

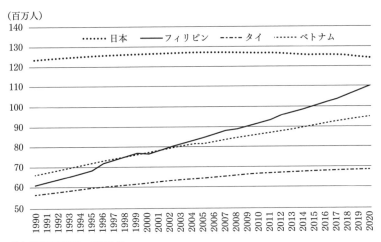

図1-3　日本と東南アジア三カ国の人口推移

（百万人）

(注) 縦軸は100万人。横軸は年。
(出典) World Economic Outlook Database, October2018, IMF

に伴い、人口ピラミッドも**富士山型**から**釣り鐘型**となり、結局は**つぼ型**になる。多産多死の状況では、出生率が高いために低年齢層の人口が多いが死亡率（特に乳幼児死亡率）が高いため、年齢が上昇するにつれて死亡する。特に、0〜4歳から5〜9歳にかけてかなりの割合で死亡するために0〜4歳に比べて、5〜9歳の人口が少なくなる。しかしながら、死亡率（特に乳幼児死亡率）が低下すると、0〜4歳から5〜9歳にかけて死亡する人の数が低下することで、若年層では年齢にかかわらず人口が大きく変化しないために釣り鐘型となる。さらに、出生率が低下すると、若い年齢層の数が少なくなることでつぼ型になる。

1.3　高齢化率と倍加年数

　人口ピラミッドは視覚的に人口構造の変化や各国の比較が可能となる。しかしながら、細かい比較をしたい場合には適さない。そこで、人口構造を一定の基準によって数値化することで、人口構造の特徴を比較することが可能となる。人口構造の特徴を示す代表的な指標として、**高齢化率**があげられる。この指標は以下のように定義される。

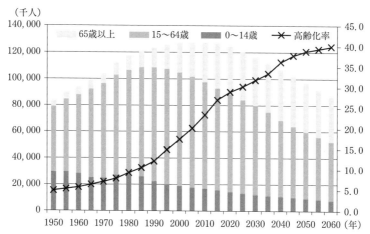

図1-4 日本の人口と高齢化率の推移

（注）左軸は千人、右軸は％
（出所）2010年までは『国勢調査』、2015年からは『日本の将来推計人口』

$$高齢化率 = \frac{65歳以上人口}{総人口} \times 100$$

図1-4は日本の人口と高齢化率の推移を示したものである。2022年9月15日現在、日本の高齢化率は29.1％であり、日本の人口の4人に1人以上は65歳以上である。日本の高齢化の特徴としては以下のことがあげられる。第1に、日本は急速に高齢化が進展した。第2に、現在、日本は世界の中で最も高齢化率が高い国となっている。第3に、今後も高齢化が進展することが予測されている。これらについて説明するために、高齢化が進展する速度に関して説明したい。表1-1は1950年、2015年、2050年の高齢化率の高い国のランキングを示したものである[4]。1950年時点で最も高齢化が進展していたのはフランスであり、日本は5％未満だった。しかしながら、日本では高齢化が急速に進展し、2015年では最も高齢化が進展する国となった。さらに、2050年でも日本は最も高齢化率が高い国となることが予測されている。

　次に高齢化が進展する速度に関する指標に関して考察したい。国連の基準によると、高齢化率が7％を超えた社会を**高齢化社会**と呼ぶ（United Nations,1956）。

　4）なお、2050年は予測値である。

表1-1　65歳以上人口割合（高齢化率）の高い国：1950、2015、2050年

順位	1950年		2015年		2050年（予測）	
	国名	割合	国名	割合	国名	割合
1	フランス	11.40	**日本**	26.02	**日本**	36.37
2	ベルギー	11.00	イタリア	22.36	スペイン	36.31
3	アイルランド	10.97	ドイツ	21.12	ポルトガル	35.59
4	イギリス	10.83	ポルトガル	20.74	ギリシャ	35.45
5	エストニア	10.60	フィンランド	20.26	韓国	35.27
6	オーストリア	10.42	ブルガリア	20.08	イタリア	34.62
7	スウェーデン	10.19	ギリシャ	19.95	（台湾）	34.50
8	ジョージア	10.10	スウェーデン	19.60	ホンコン	33.91
9	ラトビア	10.10	ラトビア	19.28	シンガポール	33.58
10	ドイツ	9.67	デンマーク	19.05	スロベニア	32.52
⋮	⋮	⋮				
60	**日本**	4.91				

（注）UN, *World Population Prospects: The 2017 Revision*（中位推計）に年齢別人口が掲載されている201か国のうち2015年人口が100万人以上の国（159か国）についての順位
（出所）国立社会保障・人口問題研究所『人口統計資料集（2018）』

　さらに、高齢化率が14％を超えた社会を**高齢社会**と呼び[5]、高齢化率が7％である高齢化社会から、14％である高齢社会に到達するのにかかる期間は**倍加年数**と呼ばれる。この期間が短いほど急激に高齢化が進んだことを意味する。**表1-2**は各国の倍加年数を示したものである。日本は1970年に高齢化率7％（高齢化社会）になり、1994年に高齢化率が14％（高齢社会）に至った。それに対して、ドイツは40年、イギリスは46年、アメリカは72年、フランスは115年と比較的緩やかな速度で高齢化が進展したのに対して、日本はこの動きが急速であった。このことが、日本が高齢化していく状況に十分に政治経済制度を対応できなかった一因があると考えられる。一方、東アジア各国は出生率の低さのため、今後は急激に高齢化が進展することが予測されている。例えば、大泉（2007）によれば、韓国の高齢化率が7％に到達したのは1999年で、中国では2001年に7％となり、韓国では高齢化率が14％に到達するのが2017年で、中国は2026年[6]と予測されている。つまり、韓国は日本よりも急激に高齢化が進展することが予測されている。

　5）高齢化率が21％を超えた社会を超高齢社会ということもある。

表1-2　各国の倍加年数

日本	24年
ドイツ	40年
イギリス	46年
アメリカ	72年
フランス	115年

　さらに、**表1-3**は都道府県別高齢化率の推移を示したものである。1955年では北海道・東北地方の高齢化率は相対的に低かった。例えば、北海道（45位）、青森県（44位）、岩手県（39位）、秋田県（46位）、山形県（37位）、宮城県（40位）のいずれの道県も高齢化が進展していなかった。しかしながら、高度成長期にこれらの地域の多くの若年層が都心に移動したことから、宮城県以外の東北地方では高齢化が急速に進展した。また、これらの県では今後も高齢化が進展することが予測されている。一方、首都圏では高齢化率は今後も相対的には低い状態を保つものの東京都でも2035年には高齢化率が30.7％となる。さらに、高齢者に占める東京都在住者の割合も絶対数も増えることから首都圏の高齢化問題も深刻となることが予想されている。首都圏の高齢化に関しては、井上（2004）では2000年以前では非大都市圏にて大都市圏よりも高齢化が急速に進展したが、2000年以降では大都市圏にて急速に高齢化が進展したことから、20世紀後半は「非大都市圏の高齢化の時代」、21世紀前半は「大都市圏の高齢化の時代」とする。

　また、同じ首都圏であっても地域によって状況が異なる。**図1-5**は東京都の地域別高齢化率の2000年から2010年の推移を示したものである。2000年では千代田区、中央区、台東区、墨田区、荒川区といった東京都の東側で高齢化が進展していた。一方、多摩地域といった東京の西部地区ではニュータウンが開発されて、若い夫婦世帯が数多く居住し、1970年代には多くの大学が多摩地域に移転したことなどもあり、他の地域に比べてむしろ高齢化率は低かった。しかし、2000

6）国連の中位推計のケースである。人口の将来推計をするためには、将来における出生率と死亡率が必要となる。そこで、幾つかの仮定を設け、それぞれ3つの値が、合計で3×3＝9通りの値が推計される。これらをそれぞれ中位推計、高位推計、低位推計とする。上記の推計値は、出生率、死亡率共に中位推計した結果である。

表1-3　都道府県別高齢化率

	都道府県	1955年		2005年	2035年			都道府県	1955年		2005年	2035年	
	全国	5.3 (%)		20.2	33.7		24	岡山	7	[5]	22.5	33.4	[39]
1	島根	7.6	[1]	27.1	37.3	[9]	25	山梨	6.2	[20]	21.9	35.3	[23]
2	秋田	3.8	[46]	26.9	41	[1]	26	北海道	3.9	[45]	21.5	37.4	[8]
3	高知	7.5	[2]	25.9	37.4	[5]	27	三重	6.7	[9]	21.5	33.5	[38]
4	山形	5	[37]	25.5	36.3	[15]	28	岐阜	6.3	[16]	21	33.6	[36]
5	山口	6.2	[18]	25	37.4	[6]	29	広島	6.6	[11]	21	34.5	[27]
6	鹿児島	6.2	[19]	24.8	35.9	[18]	30	石川	6.5	[14]	20.9	34.5	[28]
7	岩手	4.8	[39]	24.6	37.5	[4]	31	群馬	5.4	[30]	20.6	33.9	[33]
8	徳島	7.1	[3]	24.4	36.7	[13]	32	静岡	5.5	[28]	20.6	34.6	[25]
9	大分	6.4	[15]	24.3	35.6	[20]	33	京都	5.7	[26]	20.2	32.3	[42]
10	和歌山	6.6	[10]	24.1	38.6	[2]	34	宮城	4.7	[40]	20	33.8	[35]
11	鳥取	7	[4]	24.1	34.5	[26]	35	奈良	6.3	[17]	20	36.8	[12]
12	愛媛	6.5	[12]	24	37	[10]	36	兵庫	5.4	[31]	19.9	34.3	[29]
13	新潟	5.8	[24]	23.9	36.6	[14]	37	福岡	4.6	[41]	19.9	32.6	[41]
14	長野	6.5	[13]	23.8	36.5	[19]	38	茨城	6	[23]	19.4	35.2	[24]
15	熊本	6	[22]	23.8	35.6	[21]	39	栃木	5.5	[29]	19.4	33.6	[37]
16	長崎	5.2	[33]	23.6	37.4	[7]	40	大阪	4.1	[43]	18.7	33.3	[40]
17	宮崎	5.2	[34]	23.5	36.9	[11]	41	東京	3.5	[47]	18.5	30.7	[44]
18	富山	5.7	[25]	23.3	36	[16]	42	滋賀	7	[6]	18.1	29.9	[45]
19	香川	6.9	[7]	23.3	35.9	[17]	43	千葉	6.2	[21]	17.6	34.2	[30]
20	青森	4	[44]	22.7	38.2	[3]	44	愛知	5.2	[35]	17.3	29.7	[46]
21	福島	5.1	[36]	22.7	35.5	[22]	45	神奈川	4.2	[42]	16.9	31.9	[43]
22	福井	6.8	[8]	22.6	34	[32]	46	埼玉	5.3	[32]	16.4	33.8	[34]
23	佐賀	5.5	[27]	22.6	34.2	[31]	47	沖縄	4.9	[38]	16.1	27.7	[47]

（出所）1955年、2005年は総務省統計局『国勢調査』、2035年は国立社会保障・人口問題研究所『都道府県別将来推計人口』（平成19年5月推計）による。
（注）順位は2005年の高齢化率が高い順である。また、[　]の数字はそのときの順位である。
（参考）松浦（2014）

年から2010年にかけて千代田区や中央区では高齢化がむしろ抑制されたが、多摩地域では急激に高齢化が進展した。多摩市では2000年では高齢化率が10％と最も高齢化が進展していなかったが、2010年には20％を超えた。背景には、1970年代に多摩ニュータウンに居住した若い世代がその後、40年が経過して高齢化したこと、バブル崩壊後は地価が下落したこともあり、現在の若い世代の都心回帰が進んだことや、いくつかの大学の都心回帰などが挙げられる。

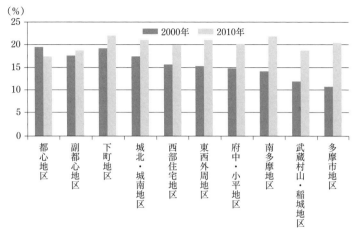

図1-5　地域別高齢化率の2000年から2010年の推移

(注) 1. 都心地区：千代田・中央区、2. 副都心地区：港・新宿・文京・渋谷・豊島区、3. 下町
地区：台東・墨田・荒川区、4. 城北・城南地区：北・品川・大田、5. 西部住宅地区：目
黒・中野・世田谷・杉並・練馬区・武蔵野・田無・三鷹・調布・国立・小金井・国分
寺・狛江・保谷市、6. 東西外周地区：江東・板橋・足立・江戸川・葛飾・青梅・昭島・
秋川、7. 府中・小平地区：府中・小平・東村山・清瀬、8. 南多摩地区：八王子・立川・
東大和・福生・田町・日野・東久留米、9. 武蔵村山・稲城地区：武蔵村山・稲城、10：
多摩市地区：多摩市（地域名は1980年時点、地域区分は氏原編（1985）を使用）
(参考) 松浦 (2016)

1.4　従属人口指数と人口ボーナス

　高齢化率は人口構造を代表する指標であるが、高齢化率だけで人口分布を理解するのには十分ではない。例えば、高齢者が少なかったとしても年少者が多いと、養育費などに多くの資源を費やすために、短期的には経済に負に影響する。実際に、発展途上国では、出生率が高く年少者が多いことが、途上国の貧困の一因とされる。このことはあとで詳しく述べたい。はじめに、従属人口指数について説明したい。一般に、以下のように定義される。

15歳未満：年少人口

15歳から64歳：生産年齢人口

65歳以上：老年人口

また、老年人口指数、年少人口指数、従属人口指数[7]は以下のように定義され

る。

$$\text{老年人口指数} = \frac{\text{老年人口}}{\text{生産年齢人口}} \times 100$$

$$\text{年少人口指数} = \frac{\text{年少人口}}{\text{生産年齢人口}} \times 100$$

$$\text{従属人口指数} = \frac{\text{年少人口} + \text{老年人口}}{\text{生産年齢人口}} \times 100$$

$$\text{扶養係数} = \frac{\text{生産年齢人口}}{\text{老年人口}}$$

扶養係数は老年人口指数を100で割った数値の逆数であり、老年人口1人に対して生産年齢人口が何人いるかを表した数値である。従属人口指数が低いことは一般に社会を支える側の人口が多い人口構造であるため、このような人口構造を**人口ボーナス**といい、逆に人口が経済に負荷をかける構造になっている場合を**人口オーナス**という。河野（2007）では人口ボーナスに具体的な定義はないとしつつ、従属人口指数が50％を下回ることは生産年齢人口が3分の2以上であることから、経済的に有利な人口学的状況を表すとする。一方、大泉（2007）は様々な定義の方法があるとしつつ、生産年齢人口の変化の割合に注目し、生産年齢人口が上昇に転じたときを「始点」とし、減少に向かったときを「終点」とする。

　従属人口指数が低いことは一般的には経済に対してプラスの効果をもたらす。従属人口指数が低いということは、年少層や老年層が少ないことを意味する。このため、教育費や年金に対する支出が少なくなるため、一般的には貯蓄率が高くなる。貯蓄率が高いと投資率を引き上げて、資本が蓄積されることによって経済成長を促進する。逆に発展途上国では出生率が高く、子どもへの支出が高くなることで貯蓄率の低下を招き資本蓄積が不十分になる。現在でも多くの発展途上国では出生率の高さによる**人口爆発**が成長の足かせになっている。

　一方、日本は第二次世界大戦後にベビーブームがあったものの、ブームは数年で終了して急激に合計出生率が低下した。ベビーブーム後、出生率が急速に低下したことは、高度成長期に日本の貯蓄率が高かった要因の1つとなった。吉川

7）人口指標に関しては、岡崎（1993）や岡崎（1999）が丁寧に説明されており、和田（2006）では Excel を使った数多くの演習例が存在する。

（2012）は高い貯蓄率が企業の設備投資を促すことで高度成長を後押ししたとする[8]。また、少子化が短期的には資本蓄積をもたらすことで経済成長する別の例として、中国の**一人っ子政策**が中国の経済成長を促進したことも挙げられる。南・牧野（2012）や梶谷（2018）では、中国経済の需要からみたGDPを消費、投資、純輸出に分解して、それぞれの寄与分を測定している。その結果、20世紀に入ってから投資の寄与分が大きく、その割合は他国や高度成長期の日本に比べても高いとする。この背景にも従属人口指数の低さが貯蓄率の高さを通じて、投資率の高さをもたらしていると考えられる[9]。ただし、一人っ子政策は、子どもが一人ならば男の子が欲しいという男児選好によって、男児が多くなり出生性比が歪んだことや、若い世代が極端に少なくなり人口構成が歪むといった問題が顕著になり、2016年にはすべての夫婦で2人の子どもを持つことが認められるようになった。これについては詳しくは以降で説明する。

　もっとも、これらは人口構造の話であり、実際にどのぐらいの人が現役であるかということには直結しているわけではない。重要なのは、実際にどのぐらいの割合の人が働いているか（＝労働力率）、労働力率を上昇させるための政策は何かということである。具体的には女性や高齢者の就業促進が考えられる。これらについては、9章と10章で論じる。

1.5　その他の人口に関する指標

　人口関連分野の重要な他の指標として、死亡率や出生性比がある。**粗死亡率**[10]（crude death rate）は以下のように定義される。

$$粗死亡率 = \frac{死亡者数}{総人口} \times 1000$$

粗死亡率はある期間（通常は1年間）の死亡者数を年央の人口総数で割ったものであり、通常は人口千人当たりの比率である‰（パーミル）で示される。長所と

8）ただし、吉川（2012）は高度成長期の高い貯蓄率は成長の「成果」であり、輸出ともに「名脇役」であるとしたうえで、高度成長の主役は企業の設備投資であるとする。

9）梶谷（2018）は中国経済の現状を資本が過剰に蓄積されている側面にも注目している。

10）普通死亡率ともいわれる。

しては、非常に計算が簡単であり、年齢構造などの情報がなくても計算できる。このために、年齢構造の情報がない発展途上国の分析や歴史人口の分析などで用いられることが多い。ただし、年齢構造を考慮しないことは問題も多い。以下で、年齢構造を考慮しない粗死亡率を使用することの問題点を示す[11]。

表1-4は先進国と途上国の粗死亡率を示したものである。1950年から55年のときは先進地域よりも途上地域の方が粗死亡率が2倍以上も高かった。しかしながら、2010年から15年では粗死亡率が逆転して、途上地域の方が低くなった。また、国別でみても、1950年代はアフリカ各国の粗死亡率は日本や北欧に比べても圧倒的に高かったが、2010年代になると、粗死亡率は逆転する。例えば、2010-2015年ではエジプトで6.1‰に対して、日本は9.9‰である。このことは、アフリカの方が日本や北欧よりも長生きできるようになったことを意味しない。確かに、アフリカの衛生状態などが改善された面もあるが、日本や北欧では高齢化が進展したことも要因である。高齢者は平均すると死亡率が高い。このため、先進地域では死亡率の高い高齢者が増えたことによって死亡率が上昇した。ここからもわかるように、人口構造を考慮しない変数を使用することは、ときに誤解に基づいた分析をしてしまう可能性がある。人口構造を考慮した死亡率の指標として、標準化死亡率などがある。この議論は、出生率の場合も同様であるために、2章で説明を行う。また、平均寿命に関しては3章で説明を行う。

死亡率の指標の中でも、特に重要であるのが、**乳（幼）児死亡率**である。あとで詳しく述べるように、乳幼児死亡率は発展途上国の生活水準などを測る指標として、用いられることが多い。乳（幼）児死亡率については以下のように定義される。

$$乳幼児死亡率 = \frac{乳幼児死亡者数}{その年の出生数} \times 1000$$

生後1年未満の死亡を**乳児死亡**といい、生後5年未満の死亡を**乳幼児死亡**という。乳児死亡率を使用した分析例としては、エマニュエル・トッドが乳児死亡率を使用してソビエトの崩壊を予測した事実がある。Todd（1976）は1970年から1974年にかけて乳児死亡率が上昇した事実から、ソ連の国内状況が悪化している

11）以下の議論は、河野（2007）を参考にしている。

表 1 - 4　先進国・途上国の粗死亡率　1950〜2015年　（単位：‰）

地域・国	1950〜1955	1970〜1975	1990〜1995	2010〜2015
世界	19.1	12.0	9.1	7.7
先進地域	10.6	9.5	10.0	9.9
途上地域	23.0	12.8	8.8	7.2
エジプト	25.6	15.4	7.8	6.1
リビア	30.6	11.4	4.9	5.2
モロッコ	20.2	13.6	6.9	5.2
スーダン	20.4	14.2	11.8	7.8
チュニジア	26.6	13.4	5.8	6.4
セネガル	29.3	23.2	11.1	6.6
日本	9.1	6.5	6.9	9.9
デンマーク	9.0	10.1	11.8	9.5
スウェーデン	9.7	10.5	11.0	9.5
フィンランド	9.7	9.6	9.9	9.5
ノルウェー	8.6	10.0	10.5	8.2

（出所）United Nations. 2018. World Population Prospects: *The 2017 Revision.*

ことを主張した。一般に乳児は社会の中で最も弱い立場であり、社会経済の影響を受けやすい。このため、開発学の分野では、乳児死亡率が発展途上国の発達状態を測定する有益な指標としてよく用いられている。さらに、Todd（2002）はアメリカでは1997年における白人の乳児死亡率が6‰であるのに対して、黒人では14.2‰と格差があることを指摘した。さらに、1999年には白人では5.8‰に低下したのに対して、黒人は14.6‰とむしろ上昇していることから、アメリカ社会の白人と黒人の差が拡大している問題点を指摘している。

　さらに、Pritchett and Summers（1996）は国別データを用いて、一人当たり国民所得が乳児死亡率や平均寿命などの健康指標に与える影響を計測している。この論文以前にも一人当たりの国民所得と乳幼児死亡率などの健康指標には相関関係があることは指摘されていた。ただし、これらの相関関係は（1）豊かになる（一人当たりの国民所得が上昇する）と健康になる（乳児死亡率が低下したり、平均寿命が延びたりする）のか、（2）健康な人が増えることで生産性が上昇して豊かになるのか、（3）良い政府や環境など豊かになることや健康になることの両方に影響する第三の要因があるためなのか、について識別はできていなかった。そこで、この論文では、パネルデータを用いて階差を取ることで第三の要因を除去し

たり、操作変数法を用いたりすることで、一人当たりの国民所得が高くなると乳児死亡率が低下することを実証している。

また、人口学で頻繁に使用される指標として、**出生性比**がある。出生性比に関しては以下のように定義される。

$$出生性比 = \frac{男児出生数}{女児出生数} \times 100$$

出生性比は生まれた女児100人に対して、男児が何人いるかを表した比率である。自然に任せると、だいたい105ぐらいの値となる。僅かであるが男児の方が生まれやすい。しかしながら、子どもの性別に関する選好があると出生性比が大きくゆがむことがある。典型的な例としては中国である。若林（2006）は中国の2000年の人口センサスによると同国の出生性比は119.92まで高まっているとする。また、韓国でも111、台湾で109、香港で107という値が公表されているが、実際はもっと高いとする。尹（2013）は2010年の人口センサスでは2000年よりも出生性比が上昇して121.21になったとする。また、都市農村別では都市と比較すると農村では出生性比が高い。一方、地域別で比較すると、内蒙古、チベット、新疆では1982年から2010年まで出生性比がほとんど変化せず、正常範囲で推移している。これらの地域は一人っ子政策の規制が緩かったためである。

Kureishi and Wakabayashi（2011）では日本の個票データを用いて、男児選好について分析を行っている。その結果、1920-39年コーホートの場合は夫が長男である場合のみ男児選好が観察されるが、それ以降でも夫が農家や自営業者だと男児選好が残るということを実証している。Baird, Friedman, and Schady（2011）は1986年から2004年に調査されたデータを用いて、男児と女児の乳児死亡率の差に注目し、発展途上国では男児よりも女児の死亡率の方が経済の負のショックに影響されることから、家計内で男児と女児の扱いに差があり、男児の方が守られやすいことを示している。

1章を要約すると以下のようになる。主に人口に関する指標を取り上げた。人口水準を示すストック変数と、人口の変化を示すフロー変数を説明したうえで、人口方程式によって人口水準を推計する方法について解説した。また、人口水準だけでなく、年齢分布も経済社会に大きな影響をもたらすために、人口構造に関する指標として、高齢化率や従属人口指数に触れて日本は高齢化が世界で最も進

んでいることを示した。それに加えて、高齢化率を使って高齢化の進展する速度を示す倍加年数について触れたうえで、日本の高齢化は急速に進展したことを述べた。さらに、従属人口指数から導かれる概念である人口ボーナスや人口オーナスについても説明した。また、出生性比や乳幼児死亡率を取り上げて、これらの指標を用いた研究を紹介した。

第2章

出生

　2章では粗出生率、合計出生率、再生産率、人口置換水準といった出生率に関する指標を解説したい。そのうえで、合計出生率が人口置換水準を下回ると長期的には人口が減少するが、短期的には人口が増加する可能性もあることを説明する。さらに、戦前から現在に至る出生率や出生数の推移や出生率に関する人口学者たちの議論を紹介する。1920年代の日本では過剰人口問題が特に意識され、日中戦争が深刻化してきた時期には兵力と労働力に必要から「産めよ殖やせよ」政策が採られ、戦後は一転して、日本への数百万に上る帰還者のために、再び過剰人口が問題視された。そのため、日本では1950年代に合計出生率が人口置換水準を下回ったが、戦前からの過剰人口の意識が残っていたことに加えて膨大な帰還者がいたこと、出産期世代の多い人口構造であることにより人口が増加し続けたこと、戦前の「産めよ殖やせよ」政策への反省などの要因のために出生政策が遅れた。このような日本の人口に対する意識の変化について、戦後の合計出生率や出生数の推移に触れつつ考察したい。

2.1　出生率のさまざまな指標

　はじめに出生に関する指標について説明したい。**粗出生率（普通出生率）**は以下のように定義される。

$$\text{粗出生率(普通出生率)} = \frac{\text{その年の出生数}}{\text{その年の人口}} \times 1000$$

粗出生率は粗死亡率と同様に、計算が楽であり、人口構造の情報がなくても計算

ができるという長所がある。また、粗出生率と粗死亡率の差は人口の増減を表し、粗出生率が高いと出生数が多いことを意味することから、直観的に理解しやすい長所がある。あとで説明する合計出生率の場合、合計出生率が一定期間低下し続けても出生数が高い状態を維持することや、逆に合計出生率が上昇しても、出生数が低下することは一般的に存在する。一方で、粗出生率には年齢構造のバイアスや分母に年少者や高齢者を含むという問題がある。後者の問題を解決する指標としては、次のように定義される**総出生率**がある。

$$総出生率 = \frac{その年の出生数}{その年の15～49歳女性} \times 1000$$

しかしながら、この総出生率でも年齢構造のバイアスは除去できない。

　このため、最も一般的に使用されるのが**合計出生率**（Total Fertility Rate）である。合計特殊出生率ともいわれる。人口学では略して、**TFR**と一般に言われる。合計出生率はある期間の女性の15歳から49歳までの**年齢別出生率**（age-specific fertility rate）を合計したものであり[1]、以下のように定義される。

$$合計(特殊)出生率 = \frac{15歳女性が1年間で産んだ子ども数}{その年の15歳女性人口} + \cdots$$
$$+ \frac{49歳女性が1年間で産んだ子ども数}{その年の49歳女性人口}$$

5歳刻みのデータである場合は、以下のようになる。

$$合計(特殊)出生率 = \left(\frac{15～19歳女性が1年間で産んだ子ども数}{15～19歳女性人口} + \cdots \right.$$
$$\left. + \frac{45～49歳女性が1年間で産んだ子ども数}{45～49歳女性人口} \right) \times 5$$

さらに、**総再生産率**は以下のようになる。

$$総再生産率 = \frac{15歳女性が産んだ女児数}{その年の15歳女性人口} + \cdots + \frac{49歳女性が産んだ女児数}{その年の49歳女性人口}$$

1）年齢別出生率の age-specific fertility rate がかつては年齢別特殊出生率と訳されて、その合計ということで合計特殊出生率と言われるようになったが、英語表記（total fertility rate）との整合性から人口学研究者からは合計出生率の使用が好まれる傾向にある。参照：現代人口辞典。

表2-1 仮想的なA国の年齢別人口と年齢別出生数

	女性人口	出生数
0〜4歳	40	0
4〜9歳	40	0
10〜14歳	40	0
15〜19歳	40	4
20〜24歳	40	4
25〜29歳	50	5
30〜34歳	50	5
35〜39歳	100	4
40〜44歳	100	2
45〜49歳	100	0
50−54歳	100	0
55〜59歳	100	0
60〜64歳	50	0
65歳以上	150	0
合計	1,000	24

　総再生産率は合計出生率の女性版ともいえる。さらに、総再生産率から女児の死亡による減少を考慮したものが、**純再生産率**である。純再生産率は1人の女性から何人の女性が生まれて育つかを表す指標であり、純再生産率が1であれば長期的には人口水準が一定になり、1以上であれば人口水準は上昇し、1未満であれば低下する。ただし、純再生産率が1であっても短期的には人口増加したり、減少したりすることはありうる。これが正（負）の**人口モメンタム**と言われる。人口モメンタムはあとで説明する。

　粗出生率、総出生率、合計出生率の計算方法について、具体的な例を使って説明したい。**表2-1**は仮想的なA国の例で考えよう。この国には女性しか存在しない（が、子どもは生まれる）。第1列目が各年齢別の人口で、第2列目がその年齢から生まれた子ども数とする。この場合、粗出生率、総出生率、合計出生率は次のように計算できる。

$$粗出生率(普通出生率) = \frac{1年間の出生数}{その年の人口} \times 1000 = \frac{24}{1000} \times 1000 = 24‰$$

$$総出生率 = \frac{1年間の出生数}{その年の15〜49歳人口} \times 1000 = \frac{24}{480} \times 1000 = 50‰$$

$$合計出生率 = \left(\frac{15\sim19歳女性から生まれた子ども}{15\sim19歳女性人口} + \cdots \right.$$

$$\left. + \frac{45\sim49歳女性から生まれた子ども}{45\sim49歳女性人口} \right) \times 5$$

$$= \left(\frac{4}{40} + \frac{4}{40} + \frac{5}{50} + \frac{5}{50} + \frac{4}{100} + \frac{2}{100} + \frac{0}{100} \right) \times 5 = 2.3$$

合計出生率は各年齢のウエイトを等しく基準化することで、年齢構成がもたらすバイアスを除去したものである。言い換えると、A国では15〜19歳の年齢別出生率は10％で、35〜39歳の年齢別出生率の4％よりも高いが、15〜19歳の40人に比べて、35〜39歳は100人であり、女性人口が多いために出生数は同じとなる。合計出生率とは、先進国と途上国の死亡率の変化で示したような、各年齢の人口構成が異なることから生じる出生率の見かけ上の違いを除去するために、各年齢で割ることで基準化し、各年齢の大きさをすべて等しくした場合の出生率である。また、合計出生率は女性が生涯産む子どもの数と解釈することも可能であり[2]、理解しやすいために一般に出生率を測定する指標として使用される。

　しかしながら、合計出生率の問題点の1つとしてテンポ効果は考慮できないことがある。例えば、丙午のようにある年にだけ出産を回避するが、前後の年に回避したのと同じだけ子どもを産むならば、最終的な子ども数は変わらない。つまり、合計出生率は短期的なショックの効果を大きく計測してしまう可能性がある。さらに、合計出生率には未婚女性も入っているために、合計出生率の低下が有配偶率の低下によるのか、有配偶出生率の低下によるのか識別ができないという問題がある。

　前者の問題である出産のタイミングの問題に対処する方法として、**コーホート合計出生率**という指標がある。いままで、合計出生率として説明してきたものは、コーホート合計出生率との対比で**期間合計出生率**と呼ばれることもある。**表2-2**を使用して期間合計出生率とコーホート合計出生率の違いを説明したい。

2）ただし、岩澤（2002）はTFRが意味するのは「仮に女性が、再生産年齢が終わるまで生存し、その年の年齢別出生率に従って子どもを産んだ場合に実現させる最終的な子ども数」であり、「女性が生涯に生む子ども数」といった場合の、"女性"とは"架空人物であり、生まれたとされる"子ども"も、仮定に基づいて計算上得られた、机上の産物であるという認識が不可欠であるとする。

表 2 - 2　期間合計出生率とコーホート合計出生率

年齢	1985年	1990年	1995年	2000年	2005年	2010年	2015年
TFR	1.76	1.54	1.42	1.36	1.26	1.39	1.45
15〜19	0.0229	0.0180	0.0185	0.0269	0.0253	0.0232	0.0206
20〜24	0.3173	0.2357	0.2022	0.1965	0.1823	0.1781	0.1475
25〜29	0.8897	0.7031	0.5880	0.4967	0.4228	0.4356	0.4215
30〜34	0.4397	0.4663	0.4677	0.4620	0.4285	0.4789	0.5173
35〜39	0.0846	0.1079	0.1311	0.1572	0.1761	0.2318	0.2864
40〜44	0.0094	0.0113	0.0148	0.0194	0.0242	0.0387	0.0557
45〜49	0.0003	0.0003	0.0004	0.0005	0.0008	0.0010	0.0015

（出所）厚生労働省『人口動態統計年報』

期間合計出生率は先ほど説明したように、年齢別出生率を合計したものである。各セルに入っている数値は年代別の年齢別出生率である。例えば、2015年の15〜19歳の年齢別出生率は0.0206で、各年齢別の出生率を縦に足すと期間合計出生率である。例えば、2015年の期間合計出生率は0.0206＋0.1475＋0.4215＋0.5173＋0.2864＋0.0557＋0.0015＝1.45となる。

　一方、コーホート合計出生率とは、斜めに足し合わせたものである。例えば、1966〜1970年生まれの場合は、1985年には15〜19歳、1990年には20〜24歳となる。つまり、1966〜1970年生まれのコーホート合計出生率は、0.0229＋0.2357＋0.5880＋0.4620＋0.1761＋0.0387＋0.0015＝1.52となる。コーホート合計出生率の長所は先ほど述べたように、テンポ効果を考慮し、一時的なショックによる影響を除去できる点である。しかしながら、期間合計出生率に比べて一般的に用いられない最も大きな欠点は、最新の動きが分析できない点である。例えば、現時点での20歳世代のコーホート合計出生率は30年後まで確定できない。

　後者の問題である有配偶出生率の変化をみられない問題については、完結出生児数によって夫婦の出生数の推移を考察することもできる。**表 2 - 3** は完結出生児数の推移を示す。完結出生児数とは結婚持続期間が15〜19年である夫婦の平均出生子ども数である。結婚持続期間が15〜19年経過した夫婦はその後に子どもを産むことはまれであるため、この時点での出生数が夫婦の最終的な出生数とみなしうる。表 2 - 3 が示すように、1940年から1972年までは急激に子ども数が低下している。しかしながら、1972年から2002年の30年間はほぼ変化がない。1972年

表2-3　完結出生児数の推移

	完結出生児数		完結出生児数
1940年	4.27	1987年	2.19
1952年	3.5	1992年	2.21
1957年	3.6	1997年	2.21
1962年	2.83	2002年	2.23
1967年	2.65	2005年	2.09
1972年	2.2	2010年	1.96
1977年	2.19	2015年	1.94
1982年	2.23		

（出所）国立社会保障・人口問題研究所『出生動向基本調査』

から2002年にかけても合計出生率は低下しているが、夫婦の出生数は大きな変化がない。ここから、この時期の合計出生率の低下は主に有配偶率の低下や出生タイミングの遅れによると推察される。ただし、2002年以降は完結出生児数も低下し、2010年以降は2を下回るため、有配偶出生率も低下している可能性が示唆される。

　岩澤（2002）は合計出生率の変化を有配偶率の変化と有配偶出生率の変化に要因分解し、それぞれの寄与率を計算している。その結果、1970年代から2000年に至るまでの出生率の低下の7割は有配偶率の低下によって説明でき、3割が有配偶出生率の低下によって説明できるとする。仮に有配偶率が低下しなかった場合は2000年の合計出生率は1.36ではなく1.56になったとする。さらに金子（2004）は、1975年から2000年の出生数変動を年齢構造の変化、結婚の変化、夫婦出生行動の変化の3つの要因に分解している。その結果、2000年までの出生数の変化に対して、どの時期でも夫婦出生行動の変化で説明できるのは3割未満であることを示している。

　次に人口置換水準について説明したい。**人口置換水準**は純再生産率が1に対応する合計出生率のことで、以下のように定義される。

$$人口置換水準 = \frac{合計出生率}{純再生産率}$$

これを書き換えると以下のようになる。

1：純再生産率 ＝ 人口置換水準：合計出生率

先ほど、純再生産率 ＝ 1 とは 1 人の女性から 1 人の女児が生まれて育つことを
意味するため、純再生産率が 1 であると長期的には人口が増えも減りもしないと
説明をした。上記の式から合計出生率 ＝ 人口置換水準とは純再生産率 ＝ 1 であ
ることを意味し、長期的には人口が一定になることを意味する。

　それでは、人口が長期的に一定になる水準である人口置換水準は 2 ではなく、
日本では2.07といったように、2 を超えるのはなぜか。それは先ほど説明したよ
うに、一般に男児に比べて女児の方が生まれにくいので、合計出生率が 2 である
と女児は 1 よりも少なくなる。また、女児が成長するまでに死亡することもあり
うる。これらを考慮すると、人口水準が一定を保つためには合計出生率は 2 より
も若干多くなる。人口置換水準は国ごとに異なり、一般的な人口置換水準という
のは存在しない。死亡率が高い途上国では 3 を超えることもある[3]。また、先ほ
どの式を以下のように書き換えられる。

$$純再生産率 ＝ \frac{合計出生率}{人口置換水準}$$

日本の2018年の合計出生率は1.42であり、人口置換水準が2.07であることから、
純再生産率は0.69となる。

2.2　コーホート要因法と安定人口モデル

　2.1では年齢別出生率の説明をしたうえで、年齢別出生率の総和が合計出生率
であることを説明した。さらに、2.2では、年齢別出生率と年齢別死亡率が分か
ると将来人口の推計を行うことができることを説明したい。ここでは単純化のた
めに、人口移動はない（＝ **封鎖人口**）と仮定し、女性のみに注目する。**表 2 - 4** は
2015年の各年齢別の出生率と死亡率によって、2020年の人口がどのように推移す
るかを示している。例えば、2015年の 0 〜 4 歳の世代は一部死亡するが、生き残
った人は 5 年後の2020年には 5 〜 9 歳になる。右上に向かう矢印はどのぐらい生
き残るかを示している。全ての世代は 5 年後には 5 歳年を取るので、全ての世代

3）河野（2007）

表 2 - 4　コーホート要因法

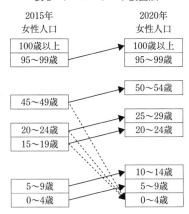

から右上の実線の矢印が描かれる。また、2015年の15〜19歳は5年後に20〜24歳になる（右上の矢印）だけでなく、一部の人は子どもを産むと5年後には子どもは0〜4歳になる。これが右下の点線の矢印を意味する。15歳から49歳までの女性が子どもを産むと仮定するために、これらのコーホートから右下の矢印が描かれる。ここからわかるように、年齢別出生率と年齢別死亡率が分かると人口の予測が可能になる。これが**コーホート要因法**の基本的な考え方である。

　また、年齢別出生率と年齢別死亡率を一定にすると、長期的には人口増加率と人口構造が一定になる。興味深いのは、元の人口構造がどのような形状であったとしても、年齢別出生率と年齢別死亡率が同じであれば、長期的には同じ人口構造になることである。さらに、合計出生率が人口置換水準に一致する（純再生産率が1）人口を**定常人口（静止人口）**という。これらについて、表を用いて説明する。**表 2 - 5**、**表 2 - 6** が仮想的なA国、B国の2000年の人口構造であるとする。2000年時点ではA国が富士山型であり、B国がつぼ型である。しかしながら、このように2000年時点では全く異なった人口構造の2国であっても、同じ年齢別出生率と年齢別死亡率であれば、長期的には同じ人口構造になる。

　例えば、第1世代は29歳までに子どもを1人産み、第2世代以降は子どもを産まないとする。第1世代は全員生存し、第2世代は半分生存し、第3世代は全員死亡する場合を考える。A国では2000年に60人いる第1世代は平均で1人子どもを産むので、2030年の第1世代は60人になる。また、2000年の第1世代は全員生

表2-5　A国の人口構造の推移

		2000年	2030年	2060年	2090年
第一世代	0〜29歳	60	60	60	60
第二世代	30〜59歳	40	60	60	60
第三世代	60〜89歳	20	20	30	30
合計		120	140	150	150

表2-6　B国の人口構造の推移

		2000年	2030年	2060年	2090年
第一世代	0〜29歳	30	30	30	30
第二世代	30〜59歳	80	30	30	30
第三世代	60〜89歳	80	40	15	15
合計		190	100	75	75

きるので、2030年の第2世代は60人である。また、2000年の第2世代の40人は30年後には半分死亡するので、2030年の第3世代は20人となる。B国も同じように計算すると表2-5、表2-6のようになる。初期時点では全く人口構造が異なっていたが、2060年には2:2:1の形になり、それが2090年以降も続くことがわかる。このように、人口の増減が出生と死亡だけで変動する人口である封鎖人口において、一定の年齢別出生率と年齢別死亡率に従って再生産を繰り返したときに最終的にその人口の年齢構造や自然増加率が一定となる。このような安定状態に達した人口を「**安定人口**」という[4]。

　一方、A国の2000年の総人口は120人、2090年は150人と初期人口に比べて増加している。それに対して、B国は2000年の人口が190人、2090年の人口は75人と減少している。A国もB国も同じ年齢別出生率、年齢別死亡率であっても、初期の人口構造によって人口が増減する。人口移動がなく、年齢別死亡率と置換水準に見合う年齢別出生率が長期間一定に維持されるとすれば、人口は究極的に安定人口になる。「**人口モメンタム**」とは、このように究極的に到達した定常人口を初期時点の人口で割ったものである[5]。今回のケースでは、第一世代が全員生存

[4] 日本人口学会編『人口大事典』p.397

してその間に1人産み、この状態が続く人口構造であるため、出生率が置換水準に一致したケースである。このため、A国は定常人口の方が初期人口より多いので正の人口モメンタム、逆にB国は負の人口モメンタムである。これらの例により、なぜ日本は出生率が回復したとしても人口減少が避けられないのかを示している。

日本はB国のような人口構造で、出産可能な世代が既に少ない人口構造であるため、このケースのように出生率が人口置換水準に到達しても人口減少は避けられない。もちろん、出生率が人口置換水準に到達すると、長期的には人口が一定になるために、出生率を回復させることには意味があるものの、同時に人口減少が避けられない構造である以上は人口減少することを所与にした社会制度を構築する必要がある。

また、各年齢別出生率と年齢別死亡率を行列で書くこともできる。**レスリー行列**と言われるものである。

$$\begin{pmatrix} f_{11} & f_{12} & f_{13} \\ p_{21} & 0 & 0 \\ 0 & p_{32} & 0 \end{pmatrix}$$

第1行（f_{11}, f_{12}, f_{13}）は各世代の年齢別出生率である。$f_{1,n}$は第n世代の出生率である。つまり、f_{11}は第1世代の出生率であり、f_{12}は第2世代の出生率である。$p_{n+1,n}$はn世代の次の期までの生残率（＝1－死亡率）である。それ以外の要素は0となる。例えば、2行2列目は第2世代（30～59歳）が30年後も年を取らずに第2世代のままに留まることはないので、0となる。同様に、第3世代（60～89歳）が30年後に若くなって第2世代になることもないために、2行3列目は0となる。さらに、第1世代（0～29歳）が30年後にいきなり第3世代になることもないので、3行1列目は0となる。具体的な数値例で説明すると、先ほどの場合は以下のような行列になる。

$$\begin{pmatrix} 1 & 0 & 0 \\ 1 & 0 & 0 \\ 0 & 0.5 & 0 \end{pmatrix}$$

5）河野（2007）

先ほどのケースでは、第1世代のみが子どもを1人産み、第2世代や第3世代は子どもを産まないので、$f_{11} = 1$、$f_{12} = 0$、$f_{13} = 0$となる。また、第1世代の生存率は1（全員生存）、第2世代の生存率は0.5（半分死亡）のため、$p_{21} = 1$、$p_{32} = 0.5$となる。この行列にA国とB国の2000年の人口構造を掛けると以下のように両国の2030年の人口構造になる[6]。

$$\begin{pmatrix} 1 & 0 & 0 \\ 1 & 0 & 0 \\ 0 & 0.5 & 0 \end{pmatrix} \begin{pmatrix} 60 \\ 40 \\ 20 \end{pmatrix} = \begin{pmatrix} 60 \\ 60 \\ 20 \end{pmatrix} \quad \begin{pmatrix} 1 & 0 & 0 \\ 1 & 0 & 0 \\ 0 & 0.5 & 0 \end{pmatrix} \begin{pmatrix} 30 \\ 80 \\ 80 \end{pmatrix} = \begin{pmatrix} 30 \\ 30 \\ 40 \end{pmatrix}$$

また、安定人口モデルは高齢化率の決定要因を分析する手段としても有用である。Coale, et al.（1983）は出生率と死亡率のそれぞれの水準が、年齢構造に及ぼす影響により人口高齢化を説明する。一般に、高齢化の決定要因として平均寿命が長くなるためであると考えられる傾向がある。しかしながら、この考え方は不正確であることを以下で説明したい。**図2-1**は、純再生産率が0.8から4まで6パターン、平均寿命は20年から80年の7パターンの合計42パターンのときの高齢化率を示した結果である。つまり、出生率と死亡率を変えるとどのぐらい高齢化率が変わるかを示したものである。

この図からわかるように、純再生産率が変わると大きく高齢化率が変化する。一方、平均寿命については20歳から70歳まで上昇しても、大きな変化はない。ただし、平均寿命が70歳から80歳に上昇すると高齢化率は高くなる。この結果、高齢化率を決定する主な要因は純再生産率の低下＝少子化であり、平均寿命が70歳に到達するまでは、平均寿命の延びが高齢化率を大きく左右するわけではない。しかしながら、平均寿命が70歳を超えると平均寿命の延びも高齢化率を左右する要因となる。

また、金子（2001）は合計出生率や生命表などの本書でも解説する人口統計指標の数学的に厳密な定義などを説明する。そのうえで、安定人口モデルを用いて高齢化の決定要因を分析し、日本の高齢人口は2020年ごろにピークに達した後にほとんど変化しないにもかかわらず、高齢化率の上昇はその後、30年間続くことを示している。このことは、人口高齢化の原動力は出生率の低下であることを意

6）さらに興味がある人は、三土（1996）やPreston, et al.（2001）を参考にしてほしい。

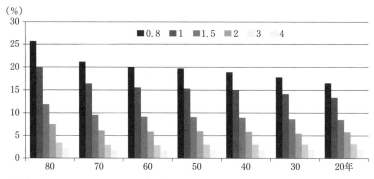

図2-1　女子安定人口の65歳以上人口比率（出生率×死亡率別）

（出所）Coale, Demeny, and Vaughan（1983）
（注）横軸が平均寿命（年）、縦軸が65歳以上人口比率（％）である。

味している。その他、高齢化率の決定要因分析に関しては、石川（1988）、石川（2002）[7]などもある。

2.3　戦前日本の出生数と合計出生率の推移と論争

　2.3節は日本の出生数を中心にした人口変動に関して説明したい。第１回の国勢調査は1920年に実施され、日本の人口は5596万人であると確定された。この時期に日本で人口問題が本格的に注目されるようになった。このときは人口と食糧の関係が主な関心事であった。背景には、明治以降の急激な人口増加が存在する。このため、政府は人口増加に対処するために国民の海外移住を積極的に推進した。しかしながら、受入れ先であったアメリカなどでは、アジア人移民の排斥の動きが強まり、1924年にアメリカで排日移民法が成立し、移民による解決の道が閉ざされた。また、1918年に富山県で始まった米騒動によって、食糧をめぐる不安が全国に広まった。

　このような状況を背景に、過剰人口の問題が意識されるようになった。一例を

7）石川（1988）、石川（2002）は、人口高齢化要因の分析方法として、（1）実際データの観察、（2）安定人口モデルを用いた分析、（3）実際の高齢化の進展に対するシミュレーション法を用いた分析の3つに分類している。

挙げると、河上肇と高田保馬による**河上―高田人口論争**をきっかけとする**大正・昭和初期人口論争**が巻き起こった。大正・昭和初期人口論争については、杉田（2010）に詳細な解説がある。杉田（2010）によれば、大正・昭和初期人口論争は、高田保馬が1926年に『経済往来』にて発表した論文が嚆矢となったとする。第一次世界大戦後の日本は、過剰人口を憂慮する世論が浸透していた。それに対して、高田は「産めよ殖えよ」論文にて、過剰人口は問題ではなく、真の人口問題は出生率の低下であると主張した（高田1926）。それに対して、マルクス主義の立場に立つ河上肇は、「産めよ殖えよ」が労賃を引き下げ、労働時間を伸ばすことで資本家的生産が栄えることを主張する資本家弁護論の一種として批判する。この論争は気賀健三、那須皓、向坂逸郎、吉田秀夫などを巻き込み、人口増加が貧困の原因とするマルサス人口論に立つ学者と、過剰人口は資本主義の経済体制が生み出す失業に起因する貧困層であるというマルクス主義に立つ学者に分かれる形となって論争を繰り広げた。一方、高田は「私はマルサスを否定する、マルクスを否定する」という立場を取り、人口論争から外れていくことになった（杉田2010、兼清2002）。

　河上―高田人口論争をきっかけとする大正・昭和初期人口論争以外にもこの時期は様々な形で人口論争が巻き起こった。その主な論点は過剰人口が貧困などの社会問題の原因であると考えるマルサス的な主張と、貧困問題を資本主義が原因であると考えるマルクス主義的な主張との論争であった。例えば、南・吉田論争では、マルクス主義の立場に立ちマルサスの批判的研究を進める吉田秀夫と、それを批判しマルサスに傾倒する南亮三郎が議論を繰り広げた。なお、ノーマフィールド（2009）では、南亮三郎が「社会主義国にも人口問題は生じる」という趣旨の講演に対して当時、学生だった小林多喜二が反論したという出来事を紹介しており、マルサス主義対マルクス主義の対立を垣間見せる[8]。

8）その他にも、高橋亀吉はレーニンの帝国主義論は日本に当てはめることができず、日本の膨張主義を駆り立てたのは人口圧力であるとするのに対し、野呂栄太郎がレーニンの帝国主義論が日本に適応可能であると主張する。モリス－スズキ（2010）は両者の論争を紹介したうえで、野呂がレーニンの帝国主義論を日本に当てはめることに専念し、高橋の主張である日本がアジアを解放していることを理由に軍事的拡大を肯定していることを十分に批判できていないとする。高橋の主張に見られるように、過剰人口が日本の大陸への軍事的な侵略を肯定する文脈で用いられた面がある。

その後、日中戦争が深刻化すると、人口政策が戦時人口政策へと転換した。戦時人口政策の最大の特徴は、人口増殖を目指すものであった。1941年に第二次近衛内閣が企画院にて起案された「人口政策確立要綱」を閣議決定した。この要綱は、国防における兵力と労力を確保するために、1960年の総人口を１億人に到達させることを目的としている。具体的な手段は、早婚の奨励、多子家族への優遇処置、人為的産児制限を禁止することであった（兼清 2002）。その最大の特徴は人口増殖を目指すものであり、「産めよ、殖やせよ」政策への転換であった。高岡（2011）は日中戦争期に厚生省社会局で人口行政がスタートするにあたり社会局嘱託をつとめていた舘稔に注目している。舘は社会局唯一の人口問題の専門家であり、人口政策の方針の立案の中心になっていたとする。また、舘は「革新派」教授の土方成美の門下生であり、人口問題研究所の設立に際して、「自由主義的残滓の排除に努める」ことを期待されていた。このように、過剰人口が問題視されていた大正・昭和初期だけでなく、出産奨励政策を行った「人口政策確立要綱」の作成に対して、人口学者が「役割」を果たし、日本の総力戦体制の政策を推進させた。このことが、戦後、一転して批判の対象となり、人口政策が一種のタブー化した。

　阿藤（2000）も指摘するように、英米仏に比べて日本の人口研究が低迷している背景に、日独伊といった旧枢軸国では人口政策が民族優越思想と領土拡張政策を連想させ、人口研究（とりわけ出生力研究）自体をいかがわしい学問とする風潮さえ存在していた。このことが、マルサスを激しく批判したマルクス経済学が一世風靡したことと相まって、日本においては戦後の長きにわたって、いくつかの私立大学とごく例外的な国立大学を除いて人口学やそれに類する講座が開講されることはなかった。阿藤（2000）によれば、日本の国立大学で人口学の講座があるのは、今日なお、京都大学の東南アジア研究センターのみであり、国・公・私のすべての大学を通じて、人口学あるいは人口研究の学科、ましてや学部の存在する所はどこにもない。国友（2019）は「人口学といえば、そもそも統計学発祥の一つの分野であるが、日本には人口学を専門とする高等教育組織は一つも存在しないようである」と述べるように、現在もこの状況はほぼ変わっていない。

2.4 戦後日本の出生数と合計出生率の推移

　敗戦後、再び、日本は2つの過剰人口問題に直面する。1つは戦後のベビーブームであり、もう1つは大陸からの何百万人単位の引揚者である。**図2-2**は戦後の出生数と合計出生率の推移を示したものである。第二次世界大戦後の出生率、出生児数は非常に高かった。1947年の合計出生率は4.4、出生児数も250万人を超えていた。1947年から1949年の高い出生率を記録した現象を**ベビーブーム**という。原因としては、第二次世界大戦後に戦争に従軍した若い男性が帰還したことや戦争時の子どもの出産のタイミングを遅らせたことの効果によるものである。また、この時期に生まれた世代を**団塊の世代**という。ただし、日本のベビーブームは実質的に1947年から1949年の3年間であり、それ以降は急速に出生率が低下したことが特徴である。西洋諸国のベビーブームは日本よりもはるかに長期間にわたり持続した。例えば、アメリカのベビーブームは1960年代半ばまでの20年間続いた。

　日本のベビーブームが急速に終焉した1つの理由として、**優生保護法**の改正がある。1949年の改正で人工妊娠中絶の適用要件に経済的理由を追加し、1952年の改正で人工妊娠中絶手術実施のための手続きを簡素化し、妊娠中絶手術の件数が激増した[9]。背景には、過剰人口に対する問題意識があった。日本統計研究所編（1958）によれば、1946年9月までに海外から軍人と居留民が459万人帰国した。終戦からの5年間の引揚者は625万に上り、人口増加数は1105万人に達した。このため、過剰労働力の存在による実質賃金の低下や物価の上昇をもたらした（森口他 2018）。最初の厚生白書である1956年度白書の序章では人口問題が取り上げられており、過剰人口の重圧が、国民生活の急速な回復あるいは向上を妨げているとする。また、生産年齢人口の過剰が季節的失業者、短期間就業者といった不完全就業の原因になること、主に家族経営で行われ生産性が低い伝統的産業と機械化が進み生産性の高い近代的産業の間に賃金などの大きな格差が存在する**二重構造**の問題は1950年代の人口労働問題の主要なテーマであった（田多編 2018）。

　しかしながら、先ほども述べたように合計出生率は急激に低下して、実際には出生率は1956年以降に人口置換水準を下回っており（河野 2007）、1975年以降に

　9）杉田（2017）

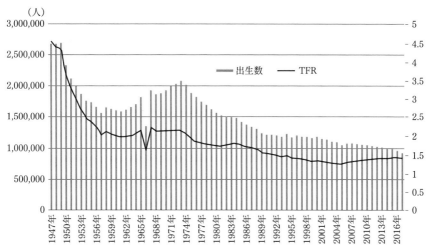

図2-2 日本の出生数と合計出生率の推移

凡例: 出生数　TFR

（出所）厚生労働省『人口動態統計』

は合計出生率が2を下回る。なお、1966年に合計出生率が1.58に急激に低下し、出生数も極端に減っているのは、**丙午**（ひのえうま）によるものである。また、合計出生率は1970年以降低下しているものの、出生数が1970年代前半に上昇しているのは**第二次ベビーブーム**によるものである。合計出生率は低下しているものの人口の層の厚い団塊の世代が親世代になることで、一時的に出生数が増加した。しかし、1973年をピークに出生数も減少し1984年には150万人を切った。1989年には合計出生率が丙午のときの1.58を下回る1.57になった（**1.57ショック**）ことで、ようやく少子化問題が注目されることになった。しかしながら、その後も合計出生率も出生数も低下傾向が続き、2005年には1.26を記録した。その後、出生率は若干回復したものの、2018年でも1.42と依然低い状態であり、出生数は低下傾向が続き2016年には100万人を下回り、第二次ベビーブーム期にあたる1973年の半分以下になった[10]。

　人口に関しても、戦後は一貫して上昇を続けたが、2000年代後半に人口減少に転じた。先ほども述べたように、合計出生率は1956年には人口置換水準を下回り、1975年には2を下回っていることから、長期的には人口減少となるのは明ら

10）2019年には出生数が90万人を下回ることが確実視されている。

かであった。しかしながら、少子化や人口減少が問題として意識されるまでには長い時間を要した。

　理由としては、第1に、人口自体は増加していたためである。先ほども述べたように、短期的[11]には合計出生率が人口置換水準を下回っても、年齢構成が若い場合は正の人口モメンタムの効果により人口が増加する。日本でも正の人口モメンタムの効果により、人口が増加していた。このために、人口減少の問題が意識されにくかった。第2に、日本は伝統的に過剰人口に対する問題意識が強く、人口減少がもたらす問題に関しては意識されにくかったためである。例えば、川口・川上（1989）は1980年代後半時点においても、人口減少はおろか高齢化問題に対してすら、少子化によってたとえ高齢化が進んでも従属人口と生産年齢人口の比はさほど変わらないために、高齢化問題は危機でないと主張していた。第3に、戦争中の「産めよ殖やせよ」政策に対する反省や、人口政策が個人の子どもを産む産まないという選択に対する干渉とみなされ、忌避されたことがあげられる。例えば、元厚生事務次官であった吉原健二は、吉原・畑（2016）のなかで「昭和の時代には国が人口の少子化を問題にするのはタブーであり、平成になってやっとそうでなくなり、2003年に**少子化社会対策基本法**が制定された」とする。また、玉井・杉田（2014）は「産めよ殖やせよ」の戦時人口政策がもたらした混乱や反省によって、戦後は多くの人口論者が人口論壇から遠のいたとする。そのなかで、玉井・杉田（2014）では、戦後、マルサスを激しく批判したマルクス経済学が全盛期のなか、教職を追われて一時は人口研究を中断したものの、人口学の体系化に尽力した南亮三郎（1896-1985）の功績に着目している。

　しかしながら、日本は既に人口減少社会に突入し、また出産可能な世代が少ない人口構成になっている（負の人口モメンタム）ために、出生率が回復したとしても人口減少が避けられず、人口減少を所与にした経済社会政策が必要となる。経済社会政策については9章以降で説明する。

　2章を要約すると、以下のようになる。第1に、粗出生率や合計出生率といった出生に関する指標の特徴と、これらの指標を用いるときに注意すべきことを示した。また、人口置換水準を説明したうえで、「合計出生率＞人口置換水準」であると長期的には人口が増加し、「合計出生率＜人口置換水準」であると長期的

---

11) この場合の短期は数十年単位である。

には人口が減少することを示した。第2に、短期的には合計出生率が人口置換水準を上回って（下回って）も人口が減少（増加）することがあることを人口モメンタムという概念を用いて説明し、現状の日本は出産可能な女性が既に少ない人口構造になっているという負の人口モメンタムという状態になっているため、多少の出生率の回復では人口増加が見込めない状態になっていることを示した。第3に、戦前から戦後の出生数と合計出生率の推移に着目し、日本では長らく過剰人口が問題視されていたこと説明した。つまり、国土が狭く多くの人口を養うだけの食糧生産が十分でないことが人口問題の基本にあった。このため、比較的最近まで少子高齢化や人口減少に着目されることはなく、政府の対応が遅れた。

第3章

死亡

　3章では死亡に関する指標を取り上げる。はじめに平均寿命や生命表の定義を説明する。そのうえで、平均余命の推移をみることで、かつて（特に戦前）は乳幼児死亡率が非常に高かったために、0歳時点の平均余命よりも10歳時点の平均余命の方がむしろ長かったことを説明する。さらに、65歳時点の平均余命は1960年から2010年にかけて急激に伸びていることを示す。このことは、平均余命で判断するとかつての65歳と現在の65歳は健康状態や身体能力の面で同じであるとは言えない可能性が高いことを示唆し、以下の章で述べる高齢者就業などを考えるうえで重要な視点を提示する。

　現在、日本の平均寿命は2018年（平成30年）簡易生命表によると、男の平均寿命は81.25年、女の平均寿命は87.32年であり、男性も80年を超えている。2015〜2020年の男性の平均寿命は世界9位で、女性は1位である[1]。

3.1　平均寿命

　はじめに平均寿命、平均余命、生命表を説明したい。一般に**平均寿命**（出生時の平均余命）に関しては、「平均寿命が20歳であると大体の人が20歳ぐらいで亡くなる」といった誤解がある。しかしながら、乳幼児死亡率が高い社会では以下のようなことがありうる。

15歳時点の平均余命＞出生時の平均余命（平均寿命）

1）UN, World Population Prospects: The 2017 Revision

図3-1　生存関数

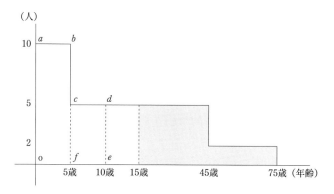

乳幼児死亡率が高い状況の下では、幼児期を超えたときの寿命の条件付き期待値がむしろ大きくなることがありうる。例えば、クラーク（2009）によると、1900年までのイングランドでは15歳時の平均余命は出生時の平均余命より長かったとする。平均寿命は次のように定義される。

$$平均寿命 = \frac{全人口の生存延べ年数}{全人口}$$

$$x歳時の平均余命 = \frac{x歳以降の延べ年数}{x歳時の生存数}$$

具体的な例を使って示したい。仮想的なA国では10人生まれる。5歳で5人死亡して、45歳で3人死亡して、75歳で2人死亡するとする。そうすると、**図3-1**のような生存曲線を描くことができる。縦軸は生存者数で、横軸は年齢である。5歳には5人残り、45歳には2人残り、75歳には全員死亡することを表す。0歳以降の生存延べ年数は生存関数とx軸、y軸で囲まれた面積で表され、0歳時点の生存数は10人なので以下のようになる。

$$平均寿命 = \frac{5 \times 10 + (45-5) \times 5 + (75-45) \times 2}{10} = 31$$

また、15歳時点の生存数は5人であることから分母は5となり、分子は15歳から45歳の長方形と45歳から75歳の長方形の合計となるため、以下のように計算され

る。

$$15歳時点平均余命 = \frac{(45-15)\times 5+(75-45)\times 2}{5} = 42$$

つまり、この場合も15歳時点の平均余命の方が平均寿命よりも長くなる。さらに、5〜9歳の定常人口の面積を0〜4歳の定常人口の面積で割ったものが**生残率**と定義される。

$$生残率 = \frac{四角形\ cdef}{四角形\ oabf} = 0.5$$

3.2 生命表

次に生命表を説明したい。**生命表**とは、一定期間における人口集団の死亡秩序を、死亡率、平均余命等の生命表関数を用いて表現したものである。生命表では年齢構成が標準化されるために、年次や年齢構造が異なっても死亡水準を比較できる利点がある。わが国の公式の生命表は、厚生労働省による毎年の簡易生命表、ならびに国勢調査年の完全生命表がある[2]。

生命表では、生存数 l_x、死亡確率 $_np_x$、死亡数 $_nd_x$、定常人口 $_nL_x$、平均余命などの関数が用いられる。それぞれの記号の定義は以下のとおりである。

$$l_x: 年齢 x における生存数$$
$$_nd_x: 年齢 x から x+n までの死亡数$$
$$_nq_x: 年齢 x から x+n までの死亡率$$
$$_np_x: 年齢 x から x+n までの生存率$$
$$_nL_x: 年齢 x から x+n までの生存延べ年数$$
$$T_x: x 歳以上の生存延べ年数$$
$$\mathring{e}_x: x 歳の平均余命、\mathring{e}_0 なら平均寿命$$

生存数 l_x は各年齢に達した瞬間の人口を表す。年齢0歳における生存数、すな

2）人口学研究会編（2010）『現代人口辞典』原書房

表3-1 仮想的なA国の平均余命

x	l_x	${}_{10}d_x$	${}_{10}q_x$	${}_{10}p_x$	${}_{10}L_x$	T_x	$\mathring{e}_x$
0	10	1	1/10	9/10	$10*9+5=95$	$231+95=326$	$326/10=32.6$
10	9	2	2/9	7/9	$10*7+5+2=77$	$154+77=231$	$231/9=25.666$
20	7	2	2/7	5/7	$10*5+8+3=61$	$93+61=154$	$154/7=22$
30	5	1	1/5	4/5	$10*4+5=45$	$48+45=93$	$93/5=18.6$
40	4	2	2/4	2/4	$10*2+0+7=27$	$21+27=48$	$48/4=12$
50	2	1	1/2	1/2	$10*1+6=\mathbf{16}$	$5+16=21$	$21/2=10.5$
60	1	1	1/1	0	5	**5**	$5/1=5$

わち出生数にあたる数を基数と呼び、慣例として10万が用いられることが多い。死亡確率 q_x は他の生命表関数と異なり実際の人口から観察される資料に基づく生命表関数である。q_x が実際の人口から観測される結果であり、そこから他の生命表関数が以下のように芋づる式に計算される。

$$
{}_np_x = 1 - {}_nq_x
$$

$$
{}_nd_x = l_x \times {}_nq_x
$$

$$
{}_nd_x = l_x - l_{x+n}
$$

$$
T_x = \sum_{a=x}^{\infty} {}_nT_a
$$

$$
\mathring{e}_x = \frac{T_x}{l_x}
$$

具体的な例を使って説明したい。その結果が、表3-1に示される。仮想的なA国では10人の寿命が5、12、15、23、28、35、40、47、56、65歳であるとする。この場合の10～60歳の平均余命は次のように計算する。60歳時点では寿命が65歳の人が1人だけいる。このため $l_{60}=1$ となる。また、60歳の人は70までに死亡するので、60歳から70歳までに死亡する人 ${}_{10}d_{60}=1$ である。また、${}_{10}q_{60}={}_{10}d_{60}/{}_{10}l_{60}=1$ となる。${}_{10}p_{60}=1-{}_0q_{60}=0$ である。60歳時点では1人が65歳まで生きるので、60歳から70歳までの生存延べ年数 ${}_{10}L_{60}$ は5となる。同様に、60歳以上生存延べ年数 T_{60} も5になる。さらに、60歳の平均余命は60歳以上生存延べ年数を60歳時点の生存者数 l_{60} で割ったものが60歳時点の平均余命であるので、$T_{60}/l_{60}=5$ となる。

50歳時点の場合も同様である。50歳時点では寿命が56、65歳の2人が残っているので $l_{50} = 2$ である。また、50歳から60歳の10年間にかけて死亡するのは1人であるので、$_{10}d_{50} = 1$ である。さらに、50歳時点では1人が60歳まで生存し、1人が56歳まで生存するので、50歳から60歳までの生存延べ年数 $_{10}L_{50}$ $= 10 + 6 = 16$ である。さらに、50歳以上の生存延べ年数＝60歳以上の生存延べ年数＋50歳から60歳までの生存延べ年数＝ $5 + 16 = 21$ となる。さらに、50歳時点の平均余命 e_{50} は50歳以上の生存延べ年数を50歳時点の生存者数で割った $\mathring{e}_{50} = T_x/l_x = 21/2 = 10.5$ となる。40歳以前も同様である。このように生命表を使って平均余命などを求めることが可能になる。

　つまり、生命表とは毎年10万人生まれると仮定したうえで、各年齢別の死亡率を用いて各年齢でどのぐらい生存するか、逆にある年齢時点で生存している人が平均的にあと何年生きられるかを示すことができる人口モデルといえる。河野（2007）は実際の国勢調査の男女・年齢別人口から生残率を求めるのではなく、生命表という人口モデルを用いる利点として、次の2つを挙げている。第1に人口ピラミッドは毎年の出生数が異なる人口であり、純粋に死亡だけによって決定されないこと、第2に人口ピラミッドは各コーホートの大きさが異なるために年齢ごとの生残率が求められないとする。

　日本の生命表は以下のようになる。2018年の日本の生命表の結果が**表3-2**と**表3-3**に示される。現在の日本は諸外国と比較して乳児死亡率が最も低い国の1つであるが、それでも0歳から5歳の死亡率をみると、男性の場合、0歳時死亡率が48歳時死亡率とほぼ同じで、女性の場合53歳時死亡率とほぼ同じである。10歳代の死亡率が最も低く、20歳を超えると死亡率は徐々に上昇する。男性は60歳時点で93％、女性は96％の人が生存している。さらに、90歳時点で男性26.5％、女性50.5％の人が生存している。つまり、日本人女性の半分は90歳まで生存していることを生命表は示している。また、60歳時点の平均余命は男性で23.8年、女性で29年である。あとで述べるように、60歳時点の平均余命はかつてと比較して大幅に伸びていることから、従来の雇用制度や年金制度を維持することが困難となり、高齢化に合わせた就業環境や社会保障制度の改革が必要となることがわかる。これらに関しては、以降の章で詳しく述べたい。

　生命表をさらに理解するために、1921～25年、1960年、2015年における男女別

表 3 - 2　2018年簡易生命表の一部（男性）

年齢	死亡率	生存数	死亡数	定常人口		平均余命
x	$_nq_x$	l_x	$_nd_x$	$_nL_x$	T_x	$\mathring{e}_x$
0 （年）	0.00196	100 000	196	99 846	8 125 281	81.25
1	0.00025	99 804	25	99 792	8 025 435	80.41
2	0.00019	99 779	19	99 770	7 925 644	79.43
3	0.00014	99 760	14	99 753	7 825 874	78.45
4	0.00011	99 746	11	99 740	7 726 121	77.46
⋮						
45	0.00149	97 815	146	97 743	3 660 590	37.42
46	0.00164	97 669	160	97 591	3 562 847	36.48
47	0.00181	97 509	177	97 422	3 465 256	35.54
48	0.00200	97 332	195	97 236	3 367 834	34.60
49	0.00221	97 137	215	97 032	3 270 597	33.67
⋮						
60	0.00651	93 144	606	92 846	2 220 400	23.84
61	0.00717	92 538	664	92 212	2 127 554	22.99
62	0.00788	91 875	724	91 518	2 035 343	22.15
63	0.00864	91 151	787	90 763	1 943 825	21.33
64	0.00948	90 364	857	89 941	1 853 062	20.51
⋮						
90	0.14830	26 483	3 928	24 501	114 627	4.33
91	0.16406	22 556	3 701	20 685	90 126	4.00
92	0.18130	18 855	3 418	17 120	69 442	3.68
93	0.20011	15 437	3 089	13 863	52 321	3.39
94	0.22060	12 348	2 724	10 954	38 458	3.11
⋮						
100	0.38229	1 666	637	1 328	3 035	1.82
101	0.41587	1 029	428	800	1 707	1.66
102	0.45119	601	271	455	907	1.51
103	0.48808	330	161	242	452	1.37
104	0.52633	169	89	120	210	1.24
105〜	1.00000	80	80	90	90	1.13

（出所）厚生労働省。表 3 - 3 も同様。

表 3 - 3 2018年簡易生命表の一部（女性）

年齢	死亡率	生存数	死亡数	定常人口		平均余命
x	$_nq_x$	l_x	$_nd_x$	$_nL_x$	T_x	$\mathring{e}_x$
0（年）	0.00181	100 000	181	99 861	8 731 703	87.32
1	0.00027	99 819	27	99 804	8 631 842	86.47
2	0.00019	99 792	19	99 783	8 532 038	85.50
3	0.00012	99 773	12	99 767	8 432 255	84.51
4	0.00009	99 761	9	99 757	8 332 488	83.52
⋮						
50	0.00145	98 114	143	98 044	3 763 586	38.36
51	0.00156	97 972	153	97 896	3 665 542	37.41
52	0.00169	97 819	165	97 737	3 567 646	36.47
53	0.00182	97 654	178	97 566	3 469 909	35.53
54	0.00196	97 476	191	97 382	3 372 343	34.60
⋮						
60	0.00297	96 119	286	95 978	2 791 287	29.04
61	0.00321	95 833	307	95 681	2 695 309	28.13
62	0.00345	95 526	329	95 363	2 599 628	27.21
63	0.00370	95 196	352	95 022	2 504 265	26.31
64	0.00399	94 844	378	94 657	2 409 243	25.40
⋮						
90	0.09348	50 502	4 721	48 159	285 925	5.66
91	0.10682	45 781	4 890	43 347	237 766	5.19
92	0.12138	40 891	4 963	38 412	194 419	4.75
93	0.13784	35 928	4 952	33 450	156 007	4.34
94	0.15979	30 975	4 950	28 494	122 558	3.96
⋮						
100	0.30491	7 101	2 165	5 973	16 432	2.31
101	0.33338	4 936	1 646	4 072	10 459	2.12
102	0.36300	3 290	1 194	2 659	6 387	1.94
103	0.39369	2 096	825	1 656	3 728	1.78
104	0.42537	1 271	541	980	2 072	1.63
105〜	1.00000	730	730	1 092	1 092	1.49

図3-2 生命表での日本人の年齢別生存数（男性）

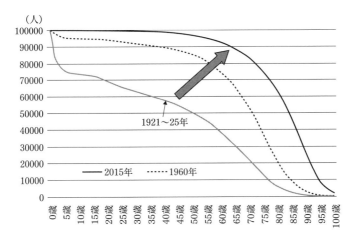

（出所）厚生労働省『第22回完全生命表』。図3-3も同様。

図3-3 生命表での日本人の年齢別生存数（女性）

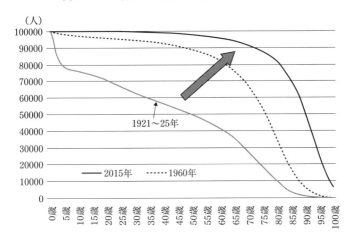

の生存数の曲線を描いた。その結果が**図3-2**と**図3-3**に示される。縦軸は人数
である。生命表では10万人を基数とし、毎年10万人生まれたと仮定する。
1921〜25年では乳幼児死亡率が高く男女ともに0〜5歳の間で大幅に死亡するこ
とが分かる。その後は10代でなだらかに減少し、20歳以降に傾きが若干急になっ
て、50歳代前半辺りから、女性では60歳辺りからさらに傾きが急になるのが分か

る。1960年になると0歳から5歳にかけての死亡率が1921〜25年と比べて格段に改善していることがわかる。1960年から2015年にかけて、さらに曲線が右上にシフトした。2015年には生まれてから一定の年齢までは、死亡率がほとんど低下せずに、ある時期に急激に生存者数が減少する傾向が観察されることから、**生存数関数の矩形化**と言われる。

次に平均寿命と10歳時平均余命の推移をみてみたい。その結果が**図3-4**に示される。1891〜98年を対象にした第一回生命表によれば、平均寿命は男性42.8年、女性44.3年であり、1921〜25年まではほぼ一定であった。ただし鬼頭（1996）によれば、初期の統計が逃れることのできない死亡登録の不完全性があり、実際には4、5年は短かったといわれており、そのとおりなら江戸時代後半から1世紀以上のあいだ、日本人口の平均余命に顕著な改善は見られなかったとする。1921〜25年から徐々に上昇し、明確な上方トレンドに乗るのは1935〜36年調査からである。戦後、平均寿命が急激に上昇し、1960年には平均寿命は男性65.32年、女性70.19年と大幅に改善している。この要因として、乳幼児死亡率の改善が大きく貢献していると考えられる。なぜなら、10歳時点の平均余命をみると、1921〜25年から1960年にかけて男性46.53年から58.57年、女性47年から63.04年と平均寿命ほどは改善していないためである。また、男女ともに戦前では一貫して10歳時点の平均余命の方が平均寿命（0歳時平均余命）よりも長いことが図3-4から示される。

別府（2012）は日本とスウェーデンのデータを用いて、年齢別死亡率変化の平均寿命への寄与度を計測している。その結果、日本、スウェーデンいずれにおいても初期の時点では5歳未満の死亡率低下が平均寿命の伸びに寄与していたが、1952年から1975年になると40歳以上の死亡率改善が寄与し、1975年以降では60歳以上の死亡率低下が平均寿命の伸びに貢献している。さらに、日本の特徴として、特に女性では2000年以降になると80歳以上の死亡率低下が平均寿命の伸びの4割近く寄与しており、スウェーデンに比べても高年齢における死亡率低下の寄与が大きいとしている。

さらに、平均寿命や10歳時平均余命の男女間の差を着目すると、1891〜1898年から1921〜25年までは、平均寿命や10歳時平均余命に男女差がほとんど存在しなかったが、その後、男女差は拡大して1960年には男女間に5年近い平均余命の差がみられる。一般に、女性の平均寿命が長いことを考えると、1章で紹介した

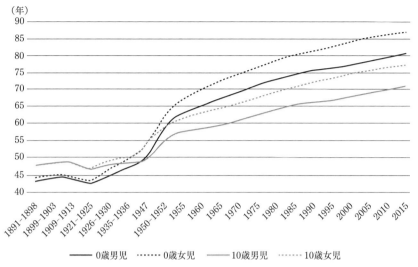

図3-4　0歳時平均余命（平均寿命）と10歳時平均余命の年次推移

（引用）厚生労働省『完全生命表』

Baird et al.（2011）が発展途上国のデータで示したように、かつての日本においても男児が女児よりも優遇して育てられていた可能性を示唆する。ただし、価値観が変化して男児と女児を平等に育てるようになったためか、男児優遇が残っていたが経済状態が改善したために、男児優遇が存在したとしても女児の死亡率を上昇させるには至らなかったのかについては、このデータからだけでは識別することはできない。

　生命表を用いることで、各年齢の平均余命を計算することが可能となり、さらに各年齢の平均余命が昔と比べてどの程度長くなったのかを計算することができる。表3-4は各年齢の平均余命が1960年から2060年までどのぐらい長くなっていくのかを示したものである。表3-4が示すように、1960年の65歳男性の平均余命は11.6年、女性は14.1年であった。しかしながら、2010年では65歳男性の平均余命は18.7年、女性は23.8年である。つまり、高齢者の平均余命自体も伸びており、同じ65歳であっても1960年と2010年ではあと平均的に何年生きられるかによって定義される「若さ」が違っていると考えられる。

　第1章では高齢化が急激に進展していることを述べたが、それはかつての65歳をいまの65歳と同じであることを仮定している。しかしながら、平均余命で判断

表 3 - 4　年齢別平均余命の推移

年次	平均余命							
	男性				女性			
	50歳	65歳	75歳	90歳	50歳	65歳	75歳	90歳
1960	22.4	11.6	6.5	2.6	26.0	14.1	7.9	2.9
1990	28.4	16.2	9.5	3.5	33.4	20.0	12.0	4.1
2010	31.4	18.7	11.4	4.2	37.5	23.8	15.3	5.5
2030	33.5	20.6	13.1	5.1	39.7	25.8	17.1	6.7
2060	35.5	22.3	14.6	5.9	41.7	27.7	18.9	7.9

（出所）佐藤・金子（2016）

表 3 - 5　年齢別平均余命等価年齢の推移

年次	平均余命等価年齢（1955年基準）							
	男性				女性			
	50歳	65歳	75歳	90歳	50歳	65歳	75歳	90歳
1960	50.0	65.0	75.0	90.0	50.0	65.0	75.0	90.0
1990	57.0	71.6	80.8	94.5	58.1	72.2	81.2	94.4
2010	60.4	74.8	83.7	96.7	62.5	76.5	85.4	97.9
2030	62.8	77.2	86.4	99.5	64.8	78.8	87.8	100.6
2060	64.9	79.3	88.5	101.7	66.9	81.0	89.9	102.7

（出所）佐藤・金子（2016）

すると、必ずしもかつての65歳の人と今の65歳の人を同じ65歳として判断する必要がないともいえる。そこで、かつての65歳と今の65歳を同じと判断するのではなく、1960年の65歳と平均余命が等しくなる年齢を年齢別平均余命等価年齢として、例えば1960年の65歳は何歳に等しいかを示したのが、表3-5である。これをみると、1960年の65歳男性は、2010年時点では74.8歳と等しく、1960年の65歳女性は、2010年の76.5歳と等しい。かつて55歳定年制とした時代も存在したが、1960年の50歳が平均余命で考えると2010年の60.4歳と等しいという文脈を考える必要がある。

　そこで、平均余命等価年齢を用いて高齢化率が今後どのように進展していくのかを著した結果が図3-5である。第1章で示したように、高齢化率は今後も上昇し続け、2060年にはほぼ40％の人が65歳以上となる。しかしながら、1960年の

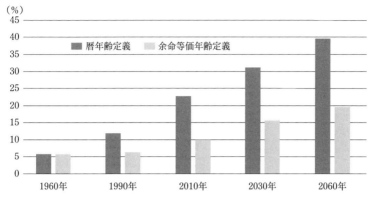

図 3 - 5　1960年基準平均余命等価年齢による高齢化率

（出所）佐藤・金子（2016）

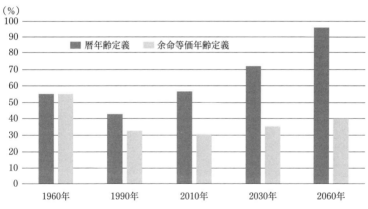

図 3 - 6　1960年基準平均余命等価年齢による従属人口指数

（出所）佐藤・金子（2016）

65歳と平均余命が同じ人を仮想的に65歳と定義した等価年齢で考えると、高齢化の進展は比較的緩やかになり、2060年時点でも19.8％に過ぎない。さらに、等価年齢区分による従属人口指数の推移を示したのが**図 3 - 6** である。通常の年齢区分の場合は、1980年から上昇し、2060年には100％近くになる。100％とは年少人口と老年人口の合計が総人口の半分を占める。しかしながら、等価年齢区分で考えると、2010年ぐらいが最も従属人口指数が低く、2060年時点でも1980年時点と

同じである。

　つまり、かつての65歳を現在や将来の65歳と同じであると考えるのではなく、平均余命が等しいことは同じ健康状態であると仮定することで、実際の健康状態によって人口構成の推移をみると、高齢社会の違ったイメージを描くことが可能となる。言い換えると、平均余命からみるとかつての65歳と今の65歳は違うため、かつての年齢基準をもとにした社会経済制度を構築するのではなく、平均余命を考慮し、それに合わせて高齢者の就業を促進させるために制度を設計することが求められる。詳しくは10章で説明したい。

　第3章では主に2つのことを中心に扱った。第1に、平均余命や平均寿命といった概念を説明したうえで、特に近代以前の社会では出生時の平均余命（平均寿命）よりも15歳時点での平均余命の方が長いこともあり得たことを論じた。その理由は、乳幼児死亡率が高いために死亡確率の高い乳幼児期を超えると期待値で評価される余命はむしろ大きくなることがあることについて、数値例を用いて示した。第2に、生命表について説明をしたうえで、例えば65歳時点の平均余命がかつてと比べて延びていることを述べた。このことは、同じ65歳であっても現在の方がより健康的であると考えられる。つまり、かつての65歳といまの65歳を同じと判断する必要はなく、高齢者の就業促進の余地があることを示した。

第2部

人口の歴史と理論

第4章

多産多死とマルサスの罠

人口の歴史と理論1

　第1部の1章から3章では主に人口統計に関する指標を説明し、それらの指標を用いて日本の少子高齢化社会の現状について説明した。そこで、第2部のテーマである人口の歴史と理論を説明したい。

4.1　人口転換論

　人口理論については、**人口転換論**が経済の発展と人口の推移を説明するグランドセオリーとして存在する。人口転換論とは出生率も死亡率も高い多産多死の状態から経済が発展すると、はじめは死亡率が低下して多産少死になり、さらに出生率が低下することで少産少死の状態へと推移するという。Notestein（1945）やBlacker（1947）が人口転換論を定式化して大きな貢献を果たした。それ以前にもThompson（1929）やLandry（1934）といった研究が存在するが、後世の研究に最も大きな影響力を持ったのはノートスタイン（Notestein）の研究である。

　Notestein（1945）やNotestein（1950）は、経済発展を出生率や死亡率変動の基礎においている。初期段階では、出生率、死亡率ともに高く人口増加は停滞的である。この多産多死の段階では死亡率が下がってもその後上昇するなどの上下変動を繰り返す。その後、乳幼児死亡率をはじめとした死亡率が急速に低下し、出生率は高いままで安定するために人口が急激に増加する多産少死を経て、出生率も死亡率もともに低くなることで純再生産率は静止人口に導き人口転換を完了するという少産少死の段階に至る変化を説明する。要因として、産業化、都市化、女性の労働力化、乳幼児死亡率の低下、教育の普及、価値観の変化など経済成長に基づく近代化による影響があったとする。そのうえで、西欧諸国で起こった人

口転換はアフリカ、アジア、ラテンアメリカといった非西欧諸国に適用すること
ができるとした。

　ノートスタインの研究が最も後世に影響力を及ぼしたが、それぞれの学説には
ニュアンスが異なる面もある。例えば、ノートスタインは出生率の低下の原因に
ついて、死亡率の低下をその理由としてほとんど考慮していないのに対して、デー
ビス（Davis）は死亡率の低下が出生率低下の大きな要因であるとする（Davis
1963）。また、トンプソン（Thompson）は世界各国を3つに区分した。Thompson
（1929）では、第1に、高い出生率と高い死亡率の国である。ただし、これらの
国でも死亡率は低下し、人口急増に直面している。第2に、出生率も死亡率も低
下しているが、死亡率の低下の方がより大きい国である。第3に、出生率も死亡
率も低下しているが、出生率の低下の方が大きい国である。ギデンズ（2004）は
Thompson（1929）を人口転換論の始祖とするが、この論文では人口転換前や人
口転換後のレジームについては考察しておらず、人口転換の原因に関しても
Notestein, Landry, Davis に比べて深くは言及していない。また、ノートスタイ
ンは Thompson（1929）と同様に人口転換の過程を3段階に分けたが（Notestein
1950）、ブラッカー（Blacker）は人口学的サイクルを高定常期、初期拡大期、後
期拡大期、低定常期、減少期の5段階に分けて考察する（Blacker 1947）。

　古典的な人口転換の学説については、大淵（1974）では彼らの学説の特徴を詳
細に論じている。このように、河野（2007）は、人口転換論は一人の学者が構築
したというよりも、20世紀前半、アメリカのトンプソン、ノートスタイン、デー
ビス、イギリスのブラッカーらの複数の学者に提唱されたニュアンスの少しずつ
異なる学説の集合体であるとする[1]。

1）澤田（2014）は人口転換論を以下の点から批判する。第1に、西欧の近代化を普遍的な
　歴史と位置づけ、西欧社会の歴史的人口現象が世界の他地域にも起こりうるという主張
　を西欧中心主義であり、土着の歴史的文脈を軽視しているとする。第2に、西欧中心主
　義を基礎とする理論的枠組みが、地域固有の文化を近代化の阻害要因と位置づける傾向
　につながるとする。第3に、人口転換論は出生抑制の意思決定や避妊法へのアクセスと
　権力関係を分析していないとする。そのうえで、「国民国家・日本」という視点を相対化
　するために、権力関係によって歴史的、地理的に周辺化されることになった米軍統治下
　の沖縄に注目し、沖縄における出生力転換をジェンダーの視点を導入したうえで、この
　時期に起こった国家間から家庭内に至るまでの出生にまつわるポリティクスを定量的か
　つ定性的に分析している。

4.2 マルサスの罠

　次に、多産多死から少産少死に至る人口転換について、それぞれのメカニズムについて説明したい。はじめに多産多死の段階について説明する。阿藤（2000）では、近代西欧社会の人口は18世紀半ばまでの高出生率・高死亡率の**マルサス的状況**から20世紀前半の非マルサス的状況に変化したとする。Malthus（1798）によれば、人口は何の抑制もなければ等比級数的（1, 2, 4, 8 ⋯）に増加する。一方、人間の生活物質の増え方は等差級数的（1, 2, 3, 4 ⋯）である。このため、人口増加に食糧増加が対応できずに、人口の増加が抑制されるとする。人口抑制の仕方は事前予防的な方法と、積極的な方法がある。事前予防的な抑制とは避妊や中絶などによる出生率の低下であり、積極的な方法とは飢餓や戦争などによる死亡率の上昇である。ただし、第2版以降は禁欲を伴う結婚の延期という「道徳的抑制」についても言及している。

　つまり、マルサスは次の3つの人口原理を示した。第1に、人口の増加にとって食糧供給が制約になること、第2に、食糧の増加が確保されれば人口も増加すること、第3に人口増加は食糧供給に制約されるが、具体的には道徳的抑制や飢餓や戦争によってもたらされる。言い換えると、食糧が増えるとそれによって人口が増え、1人当たりの食糧が減るために、産業革命以前は食糧と人口が上下変動を繰り返し、人口や食糧が成長し続けることはない。このメカニズムを**マルサスの罠**と呼ぶ。このメカニズムについて、図を使用して説明したい。

　図4-1はその結果を示している。産業革命以前では所得の大部分は食糧に費やされるために、一人当たり国民所得は食糧で近似できる。一人当たり所得が高くなると出生率が増えるために、出生率関数は右上がりである。一方、一人当たり所得が高くなると食糧が多く確保でき、死亡する確率が低下するために死亡率関数は右下がりになる。出生率関数と死亡率関数の交点で、均衡一人当たり国民所得 y^* が決定される。均衡 y^* では出生率と死亡率が一致するので、人口は一定になる。また、実際の一人当たり国民所得が均衡一人当たり国民所得よりも大きい場合（$y'' > y^*$）は出生率が死亡率よりも高くなり（B > D）、人口が増加する。一人当たり国民所得とは国民所得 Y を人口 N で割ったもの（y = Y/N）であるので、人口が増加すると一人当たり国民所得は Y/N は低下する。一方、実際の一人当たり国民所得が均衡一人当たり国民所得よりも小さい場合（$y' < y^*$）は出生

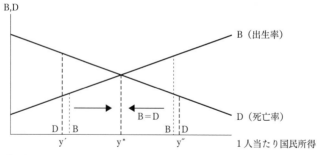

図4-1　マルサスの罠のメカニズム

（参考）クラーク（2009）、斎藤（2013）

率が死亡率よりも低くなり（B＜D）、人口が減少し、一人当たり国民所得は Y/N は増加する。つまり、一人当たり国民所得は均衡 y* と一致していなくても、人口が増減することで y* に収束する。その結果、出生率と死亡率が等しくなり（B ＝ D）、人口は一定水準になる。

　さらに、**図 4 - 2** は飢饉などの気候のショックによって、死亡率が高くなった場合に何が起こるのかを示したものである。死亡率が高くなるので、死亡率関数が上にシフトする。その結果、一人当たり国民所得は増加する。産業革命以前の社会では、死亡率が高くなると生活水準が上昇する。クラーク（2009）はイングランドでは1348年にペストが流行すると実質賃金が上昇し、農業労働者による基本的穀物の購入費が総食費に占める割合は、わずか20％ほどまで減少したとする。さらに、クラークはアジアに比べてヨーロッパの生活水準が高かった理由として、産業化以前のヨーロッパ人は当時の中国や日本に比べても衛生観念に乏しかったことを挙げている。このため、同じ一人当たり国民所得での死亡率はヨーロッパの方が高いために、均衡での一人当たり国民所得はヨーロッパの方が高くなる。具体的には、図 4 - 2 の低い死亡率曲線Dが日本型であり、高い死亡率曲線 D′ がヨーロッパ型である。その結果、日本での均衡が y* であるのに対して、ヨーロッパの均衡は y** となる。またディートン（2014）は、農業の定着から何千年も、平均余命が継続的に延びたという証拠はなく、マルサス的な均衡は何千年も続いたとする。

　マルサスの罠が発生する状況においては、人口が増えると　人当たりの国民所

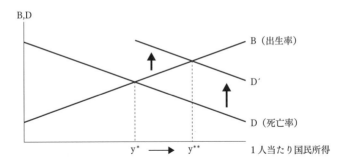

図4-2　死亡率の上昇

得が低下するという人口と貧困のトレードオフが発生し、それを防ぐためにはマルサスは結婚の延期などの道徳的抑制による出生率の低下を主張した。この問題意識を受け継ぎ、産児調整を通じた社会改良運動が19世紀終わりごろから広まった。この動きを**新マルサス主義**という。1878年にはマルサス主義連盟が結成され、1881年にはオランダで新マルサス主義連盟が結成された。さらに、女性解放運動の一環としての避妊運動もこの時期に見られるようになった。このような状況を背景に、19世紀末はヨーロッパで急速に出生率が低下し、第一次世界大戦期には新マルサス主義連盟は本来の役割を達成したと考え1927年には解散した。1930年代は長期停滞の状況下であり、ハンセンやケインズは従来から主張されていた出生率抑制と異なり、人口増加が投資を刺激することを通じて、有効需要の増加につながると主張した[2]。

　一方、人口抑制による貧困問題の解決という考え方はその後も存在した。20世紀後半に開発途上国で広く採用された人口抑制政策も新マルサス主義の主張に沿ったものである[3]。この点は、5章で詳しく述べる。ただし、注意すべき点として、マルサスの主張は新マルサス主義のそれとは大きく異なる。なぜならば、マルサスは先ほど述べたように、晩婚化による道徳的抑制を主張したが、新マルサス主義のような避妊のような直接的方法を認めたわけではない[4]。

2）大淵・森岡（1981）

3）この記述は、人口大事典（2002）と現代人口辞典（2010）による。

4）大淵・森岡（1981）

4.3 近代経済成長

何千年も続いた多産多死の状況は、産業革命期において大きく変化することになる。はじめに西ヨーロッパ、続いて日本が世界に先駆けてマルサスの罠の状況を脱出し、**近代経済成長**を遂げた。近代経済成長とは**サイモン・クズネッツ**（Simon Kuznets）が提唱した概念であり、Kuznets（1973）では近代経済成長は(1) 一人当たり生産物および人口の高い成長、(2) 生産性の高い成長率、(3) 農業部門から産業部門へのシフトとそれに対応した就業構造の変化、(4) 都市化などに代表される社会の近代化とそれに伴うイデオロギーの急速な変化、(5) 輸送や通信技術の発展などを特徴とし、さらにこれらの傾向が一時的でなく長期間にわたって持続することであるとする。具体的に言うと、近代経済成長は一世紀にわたって、1 ～ 3 ％の一人当たり実質産出量の成長を持続させた。さらに、高い成長率は知識を基礎とした技術革新が一般に応用され、応用されることによって知識がさらに蓄積されるという相互作用に支えられているとする。また、ロストウ（Rostow）は経済的発展段階を(1) 伝統的社会、(2) 離陸のための先行条件期、(3) 離陸期（＝**テイクオフ**）、(4) 成熟への前進期、(5) 高度大衆消費時代という五段階に分けて考察し、離陸期では低開発状態からの脱出が行われ、政治、経済、社会制度が急激に変化すると主張した。

図 4 - 3 は日本と西ヨーロッパの人口推移を示したものである。西ヨーロッパは1700年まで、日本は1820年まで穏やかな人口増加を続けていたが、それ以降は急激な人口成長を遂げた。さらに、**図 4 - 4** は一人当たり GDP の長期推移を示す。西ヨーロッパでは1820年頃まで、日本では1870年頃までは一人当たり GDPが非常に停滞的であったが、それ以降は急激に上昇している。Rostow（1960）は日本の「テイクオフ」を1878年～1900年とし、Ohkawa and Rosovsky（1965）は1886年～1905年とする。ただし、鬼頭（2000）は日本の場合、人口成長が工業化＝近代経済成長の結果始まった、というのは誤りであるとする。なぜなら、日本における工業化の始期は1880年代半ばに求められる[5]が、人口成長の始動はそれよりおよそ半世紀前に遡りうるからである。

5）大淵（1974）も日本経済が明治20年から30年にかけて離陸したのは、ほぼ定説と認められるとする。

図4-3　日本と西ヨーロッパの長期人口推移

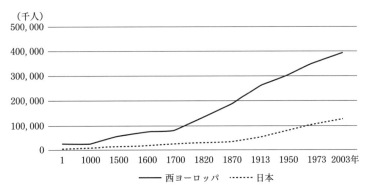

（出所）マディソン（2015）
（注）縦軸の単位は千人である。

図4-4　日本と西ヨーロッパの一人当たり GDP の長期推移

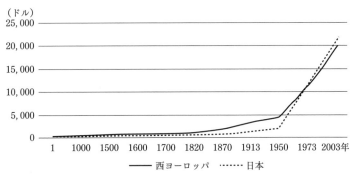

（出所）マディソン（2015）

　要約すると、以下の通りになる。多産多死の状況下では仮に天候の変化などの
影響によって生産量が上昇したとしても、それに合わせて人口が上昇したため
に、長期的には一人当たり国民所得は一定に収束するというマルサスの罠に陥っ
ていた。しかしながら、産業革命期に生産性が急上昇することで、人口成長率よ
りも高い経済成長率が達成されることで、人口成長率と一人当たり国民所得成長
率（＝経済成長率−人口成長率）の上昇が同時に成立することになった。また、こ
のような状況が短期的にとどまらず恒常的に続いたことによって、高い一人当た
り国民所得成長率と人口成長率が長期間にわたって持続した。この結果、急激な

人口増加と生活水準の改善を同時に達成することが可能となった。

　4章では、出生率も高く死亡率の高いという多産多死から、死亡率が低下することで多産少死になり、さらに出生率が低下することで少産少死に至るという人口転換論を取り上げた。そのうえで、マルサスの罠という概念を用いて、前近代社会では豊作などによって一時的に豊かになったとしても、人口が増加することで一人当たりの豊かさが元に戻り、長期的には人口が一定に保たれるメカニズムが働くことを示した。しかしながら、近代社会になると、技術進歩によって実質産出量の成長率が人口成長率よりも高くなることで、人口成長と一人当たりの実質産出量が長期間にわたり成長する、近代経済成長について説明した。

第5章

多産少死と貧困の罠
人口の歴史と理論2

　4章では多産多死の状況下ではマルサスの罠が発生し、一時的に天候などのショックで豊かになったり貧しくなったりしても、人口が調整されることで長期的には人口も豊かさも一定の基準を保った。しかし、産業革命を契機にしてロストウのいう「テイクオフ」、クズネッツのいう「近代経済成長」が起こり、経済成長と人口成長の両立が可能となった。そこで、5章では人口転換論での第二段階である死亡率が低下し多産多死から多産少死へと移行する状況について説明したい。さらに、死亡率低下の要因が先進国と発展途上国では異なり、先進国では経済成長と人口成長が両立したのに対して、発展途上国では経済成長を伴わない人口成長であったために、人口成長が貧困をもたらすマルサス的状況が発生し、発展途上国では**人口爆発**が大きな問題となった。さらに、死亡率要因を分析することで、**疫学転換**についても解説したい。

5.1　多産少死

　Schultz（2010）によれば、人口転換ははじめに高所得国で起こり、年齢別死亡率は1750年後に徐々に低下したのに対して、低所得国では死亡率が1920年代に下がり始めて、第二次世界大戦後に急激に低下した。死亡率低下の主な原因については、主に生活水準の上昇、公衆衛生の発展や教育の普及による衛生観念の発達、医療技術の発達などがある。マキューン（McKeown）やフォーゲル（Fogel）は生活水準の上昇を強調する（McKeown 1976; 1979；Fogel 2004）。McKeown（1976）は初期段階では医療知識の発達や公衆衛生政策よりも栄養状態の改善が重要であるが、1930年以降では医療知識の発達が死亡率の低下に貢献したとす

る。また、McKeown（1979）は感染症死亡率の低下は抗生物質などの医学的発見の前に始まったとする。つまり、18世紀から19世紀における西欧諸国の死亡率の低下は主に公衆衛生の改善や医療技術の発達よりも、栄養状態の改善によって説明できる。その後は上下水道の整備による公衆衛生の改善が貢献し、1930年代以降に至ると医療制度の発達も平均寿命の延びに貢献した。

　このような先進国と比較して、発展途上国では状況が異なる。Preston（1975）は、1930年代、1960年代の一人当たり国民所得と平均寿命の関係を示した近似曲線を描いている[1]。**図5-1**は一人当たり国民所得と平均寿命の関係を示した結果である。この図から2つことが分かる。第1に、一人当たり国民所得が上昇すると平均寿命は上昇するが、ある水準を超えると一人当たり国民所得が上昇しても平均寿命はほとんど上昇しない。第2に、1930年代から1960年代にかけて、近似曲線は上方にシフトしている。近似曲線上に沿った移動は所得が伸びたことによる平均寿命が伸びる効果を意味し、近似曲線が上方シフトしたということは、同じ国民所得でも1930年代よりも1960年代では平均寿命が長いことを意味する。つまり、近似曲線のシフトは豊かさ以外の要因によって平均寿命が伸びたことを意味する。この結果は、**プレストン**（Preston）によれば既存の科学や医療に関する知識が生活に生かされるようになった効果である。つまり、同じ一人当たり国民所得であっても、1930年代よりも1960年代の方が平均寿命は長いために、この時期の平均寿命の改善は所得のみでは説明できない。この時期の発展途上国は一人当たり国民所得の改善による平均寿命の伸びを超えて、公衆衛生の改善や医療の発達で平均寿命が延びた側面がある。これ自体は望ましいことであるが、豊かさの改善が不十分なままでの死亡率の改善は生活水準の改善のない人口増加をもたらすことで、生活を悪化させるという問題を発生させた。いわば、マルサスの罠の再現である。人口増加は現在に至るまで発展途上国の大きな問題であり続けている。

　例えば、Young（2005）はAIDS/HIVの流行が南アフリカの将来の生活水準に与える影響を分析している。その結果、AIDS/HIVの流行は人的資本に対して負の効果と、性行為の抑制による出生率の低下によって、人口成長を抑制するなどの正の効果があるが、最も悲観的な場合でも出生率の低下による正の効果が上

1）プレストンカーブと言われる。

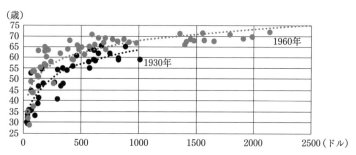

図5-1　一人当たり国民所得と平均寿命

（出所）Preston（1975）のデータをもとに筆者作成。
（注）平均寿命は男性の寿命である。灰色の線が1960年、黒い線が1930年のグラフである。

回り、一人当たりの消費水準を改善させるとする。一方、Fortson（2011）はサブサハラ地域のデータを用いて、AIDS/HIV の流行が就学年数、学校参加率、初等教育卒業率などの教育指数に与える影響を検証するために、出生コーホートが AIDS/HIV の発生以前である1980年生まれかどうかと HIV がその地域で流行している程度を交差項とした **DID 分析**[2]（= Difference in Difference）によって検証している。その結果、HIV 感染者の割合がその地域での10％上昇すると、就学年数が0.5年、学校参加率が 6 ％、初等教育卒業率が 8 ％低下する。

　これらの結果から示されるように、死亡率の改善によって子どもに教育を受けさせるインセンティブが生じることで人的資本が蓄積する長所もあるものの、発展途上国では公衆衛生の改善や医療制度の発達による死亡率の改善が人口の急増をもたらし、その結果、さらなる貧困をもたらすメカニズムがある。このため、先進国は途上国に対して人口問題を解決することが貧困問題を解決する手段であるとして人口政策を求める傾向があるが、途上国は経済成長が人口問題を解決すると主張する。5.2では、国連が主催した人口問題のブカレスト会議、メキシコ会議、カイロ会議という国際会議に注目し、人口問題がどのように取り上げられてきたのかをみていきたい。

2）処置群と対照群それぞれの処置前後の変化の差を計測することで、処置の効果を識別する方法である。

5.2 人口開発問題と国際社会

　第二次世界大戦後、先進国や国際機関から近代医薬が途上国にもたらされることで、死亡率が急激に低下し、死亡率の低下にもかかわらず出生率は高い水準を維持したため、途上国で人口が急激に上昇した。この状況を人口爆発という。途上地域全体の人口は1950年の17.2億人から1970年の26.9億人と1.6倍となった。阿藤（2012）は国連が主催したブカレスト会議、メキシコ会議、**カイロ会議**という3つの政府間による人口会議における議論を紹介している。そこで、本節においては阿藤（2012）に依拠しつつ、3つの会議で何が論点になったのかを明らかにしたうえで、2000年に国連で採択された**ミレニアム開発目標（MDGs）**と2015年に国連で採択された**持続可能な開発目標（SDGs）**についても説明する。

　第二次世界大戦後から1970年に至る途上地域の人口の急増に関する問題意識は多くの論者で共有されていた。Coale and Hoover（1958）は、人口増加によって資本蓄積が妨げられることによって経済成長に負の効果をもたらし、ロストウのいう「テイクオフ」を困難にさせているとして、途上地域の急激な人口増加に警鐘を鳴らした。また、エーリックは1968年に『人口爆弾』を著して、人口が多いほど環境への害が大きいと主張した。さらに、メドウズ（Meadows）は『**成長の限界**』を著し、人口、食糧供給、経済成長、環境汚染、資源の相互関係をシミュレーションして、人口増加が経済を破綻させることを示した（Meadows et al. 1972）。

　阿藤（2012）はアメリカ政府の途上国への人口政策の取り組みについて、アイゼンハワー政権では「産児制限は政府の仕事にあらず」としたが、ケネディ、ジョンソン政権では途上国に人口抑制に対する支援を拡充していた。米国政府が途上国の人口抑制の必要性を強調したのは、途上国の人口爆発を放置すると生活水準の低下から社会主義政権の誕生につながることを懸念したためであるとする。このような背景もあり、米国政府は人口問題を扱う国連の専門機関の設立を後押しし、1969年の国連人口活動基金の発足につながった。

　1974年、国連の主催によりブカレストで開かれた世界人口会議は、各国政府代表が集まった最初の人口会議であった。この会議では、ラテンアメリカ、アフリカ、社会主義国は人口政策に反対し、「**開発が最良の避妊薬**」として対立が鮮明化したが、「**世界人口行動計画**」が採択された。1984年に開催されたメキシコ会

議では、「世界人口行動計画を継続実施するための勧告」が合意された。この会議では家族計画が国際的に認知された。背景にはブカレスト会議では人口政策に反対した中国、ブラジル、メキシコ、ナイジェリアが政策転換を図り、家族計画を実行したことが挙げられる[3]。逆に前回のブカレスト会議では人口政策の旗振り役であったアメリカがメキシコ会議では立場を変えて、人工妊娠中絶に絶対反対の立場から中絶を促進する活動を行っている国際援助団体への資金供与を禁止した。背景には民主党から共和党のレーガンが大統領になり、**プロチョイス（女性の選択尊重派）**ではなく、**プロライフ（生命尊重派）**の立場を明確化したことが挙げられる。プロライフはキリスト教の特にカトリックの教義に基づいて、人の命は受胎とともに始まるために中絶は人の命を絶つことを意味するのでいかなる場合も反対であるという立場である。一方、プロチョイスは女性が望まない妊娠をしたときには中絶が認められるという立場である。

　1994年9月に国連主催の国際人口開発会議が開かれた。これをカイロ会議という。この会議は、ブカレスト会議、メキシコ会議に引き続いて3回目の人口に関する政府間会議である。この会議にて、**リプロダクティブ・ヘルス／ライツ**という概念が提起され、「**カイロ行動計画**」の方向性を特徴づけた。リプロダクティブ・ヘルス／ライツは、性と生殖に関する健康／権利と訳され、子どもを持つ持たないか、持つとすれば、いつ、何人、生み育てるかなど、主に生殖に関する事項について、個人あるいはカップルの意思に基づいて決定し、行動でき、自分の性と生殖に関して健康な状態でいること、またその権利を有することである[4]。「世界人口行動計画」と比較した「カイロ行動計画」の特徴は、マクロ的視点、すなわち人口増加が経済、環境に及ぼす負の影響に関する議論がほとんど姿を消し、女性の福祉といったミクロ的視点が強調されるようになった（阿藤 1995）。

　国際人口開発会議で採択された「カイロ行動計画」は、ミレニアム・サミットで採択された「**ミレニアム開発目標（MDGs）**」に影響を与えている。ミレニアム開発目標とは、1990年代に行われたサミットや国連の一連の会議における議論をもとに、OECD、IMF、世界銀行が策定した貧困の削減、保健・教育の改善および環境保護に関する開発目標である。具体的には、2015年までに①3億人の貧困

3）参考：日本人口学会編『人口大事典』培風館、pp.872-873。
4）人口学研究会編（2009）『現代人口辞典』p.297。

からの救済、②5500万人の乳幼児の死亡防止、③400万人の妊産婦の死亡防止、④1億2800万人の児童の小学校への通学などが目標とされた[5]。

2000年に採択されたミレニアム開発目標は、その達成期限である2015年に統計に基づいた評価が行われ、途上国における初等・中等・高等教育の就学率に男女差はなくなり、世界の5歳未満児死亡率は1990年から2015年までに53％削減、妊産婦死亡率は45％削減するなど、目に見える結果が示された。2015年にはさらに分野が広がった、「持続可能な開発目標（SDGs）」が採択された[6]。

5.3　疫学転換

最後に、人口転換論は経済が発展するにつれて、はじめは死亡率が低下して多産多死から多産少死になり、次に出生率が低下して多産少死から少産少死の段階に至る過程を記述したものであるが、Omran（1971）は死亡要因も段階があることを示した。**オムラン**（Omran）によれば、第1段階では、感染症や飢饉が蔓延する時代であり、このときは死亡率が高くて変動しているために、一定の人口成長率となる。この時代の平均寿命は20〜40年である。第2段階では、感染症が蔓延しなくなる時代であり、このときに死亡率の低下が加速する。この時代の平均寿命は着実に上昇し、30〜50年である。この時期には人口が急激に上昇する。第3段階では、生活習慣病がもたらす脳血管疾患、心疾患、悪性新生物といった退行性疾患が主な死因となる時代である。死亡率は低下して、低い状態で安定的となる。平均寿命は徐々に上昇し50歳を超える。この時期では人口成長率の主な決定要因は出生率となる。このように第1段階から第3段階に至る過程を**疫学転換**とする。

第1段階に関しては、堀内（2001）やディートン（2014）は狩猟採集社会から農耕社会に至る過程で集住化が進み、これが感染症の発生と伝播を促進したとする。つまり、狩猟採集から農業の移行は食糧生産と人口を増大させたが、感染症をもたらすものであり、農業への移行は富と健康を高める進歩だったとは言えない。ボズラップ（1975）は狩猟採集から農業への転換は食糧が入手できなくなっ

5）渡辺利夫・佐々木郷里編（2004）『開発経済学事典』弘文堂、pp.578-579。
6）日本人口学会編（2018）『人口学事典』pp.390-391。

たことへの対応であったとする。堀内（2001）によれば、18世紀のヨーロッパ諸国の平均寿命は国によって大きく異なっていたが、25〜40歳の範囲であった。例えば、黒木（2007）によれば14世紀のペストの大流行によって、全世界で7000万人、ヨーロッパで3500万人の人の命を奪ったと推測され、人口が元に戻るのに二世紀を要した。つまり、この段階では死亡率が高く、変動も激しい時代である。

第2段階では、死亡率の低下が始まり、平均寿命は急激に伸びた。これは、主に細菌、ウィルス、及び寄生虫の病気による死亡率の低下による。Schultz（2010）は先進国でも20世紀半ばまで、発展途上国では20世紀終わりまで、主な死因は感染症と寄生虫がもたらす疾病であったとする。例えば、日本でも黒船来航から10年近くの間に、コレラが日本を襲った。このような感染症に対して、種痘やワクチンの発見といった技術が開発された。天然痘に対しては、ジェンナーが1798年に論文で発表した牛痘種痘法が普及した。19世紀末になると、ドイツのコッホはコレラ菌や結核菌を発見し、フランスのパスツールとともに細菌学を発達させた。北里柴三郎はドイツに留学してコッホに師事して、破傷風菌の毒素を発見した。これらの貢献によって、感染症が劇的に改善した。

第3段階では、主な死因は心臓病、脳卒中、悪性新生物、糖尿病、慢性肝臓病、慢性腎臓病などの成人病に移行した。1950年の主要死因別死亡率で最も高かったのは結核、脳血管疾患であったが、2016年では悪性新生物が全体の死因の28.5%、心疾患が15.1%を占める[7]ようになった。

さらに、オーシャンスキーとオールトによれば、人類の寿命はこの三段階を超えて四段階目の「発現が老年後期にシフトした形への成人病の時代」に入ったとする（Olshansky and Ault 1986）。この時期は心臓病、脳卒中、がんなどの成人病の発生年齢の遅延、死亡時期の先送りによる寿命の伸長が起きている。河野（2000）によれば、疫学転換はオムランの三段階に加えて、オーシャンスキーとオールトの最後の段階を加えて、四段階とするのが一般的である。日本の平均寿命は2015年には男女ともに80歳を超え、平均寿命80歳時代が到来した。堀内（2001）も20世紀後半の経済先進諸国は老年における成人病、特に心臓病と脳卒中による死亡率の顕著な低下が始まり、新しい段階に入ったとする。

5章では人口転換論の第二段階である、多産少死の状況を扱った。死亡率の低

7）出所：厚生労働省『人口動態統計』

下は生活水準の向上と衛生状態の改善や医療技術の発展によって生じたが、いずれの要因がより大きな貢献を果たしたかに関しては議論があることを説明した。西欧各国でもたらされた18世紀以降の死亡率の低下に関しては、当初は生活水準の向上の果たした役割が大きく、その後は衛生状態や医療技術の発展などの役割も大きいとされる。一方、途上国の場合は公衆衛生や医療技術の発展による効果が大きいことがプレストンカーブから示された。このことは、豊かさを伴わない死亡率の低下による人口成長をもたらし、貧困を深刻化させた。このような途上国の人口と貧困の問題は多くの論者に注目され、国際会議でも人口問題が取り上げられるようになった。さらに、出生転換だけでなく、死亡要因に関しても段階があることが指摘された。これを疫学転換といい、初期段階では主な死因は感染症や飢饉によるものであるが、経済が発展し感染症や飢饉が蔓延しなくなると、主な死因は生活習慣病がもたらす脳血管疾患、心疾患、悪性新生物へと変化した。

第6章

少産少死と出生力の経済理論
人口の歴史と理論3

　6章では人口転換の第三段階である、少産少死の時代について説明する。第二次世界大戦後の先進国では一人当たり GDP で表される豊かさと出生率が負の関係を示すようになった。これは、食糧で表される豊かさが出生率と正の関係を示した多産多死の段階とは全く異なる状況となった。つまり、子ども数が所得と負の相関になった。Lehr（2009）は1960-1964年から1995-1999年の95カ国のデータを用いて、人口転換論を実証分析している。この論文では、生産性と出生率が逆U字型の関係を示すことで人口転換論を検証する。その結果、生産性の上昇は教育水準が低い段階では出生率を上昇させ、教育水準が高い段階では出生率を低下させることを実証している。

6.1　ライベンシュタインモデル

　そこで、なぜ第二次世界大戦後の先進国では所得が増えると子ども数が減るのかについて、理論化が進んだ。そこで、6 章では**ライベンシュタイン**（Leibenstein）の子どもの効用と費用に関する議論、**イースターリン**（Easterlin）の**相対所得仮説**、**ベッカー**（Becker）をはじめとしたシカゴ学派の**合理的選択理論**などを説明する。さらに、80年代の動学を入れたモデル、90年代の男女の非対称性を考慮したモデルや内生的成長論との関連にも触れる。さらに、McDonald（2002）によって指摘されたように、男女間の不衡平性やリスクを回避する意識が出生を控える背景にあることを実証分析に触れながら説明する。

　Leibenstein（1957）や Leibenstein（1974）は経済が発展するにつれて、出生率も死亡率も低下する人口転換の第三段階の状況を説明するために、以下のような

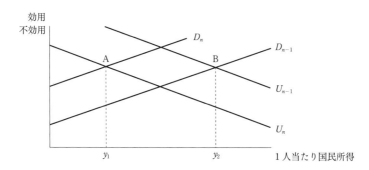

図 6-1 ライベンシュタインの子ども数の決定モデル

枠組みを考案した。ライベンシュタインは子どもには 3 つの効用があり、2 つの費用があるとする。3 つの効用とは子どもがいること自体が家族を幸せにするという**消費効用**、子どもを働かせることによって収入が得られる**労働効用**、自分たちの老後の面倒をみてくれるという**年金効用**である。2 つの費用とは、子どもの養育費や教育費といった**直接費用**と、子どもが生まれることで仕事（と、仕事から得られる収入）を諦める必要があるという**間接費用**である。

　図 6-1 はライベンシュタインの子ども数決定モデルを図示したものである。U_n は一人当たり国民所得 y と子ども数 n のときの効用の関係を示すものであり、右下がりとなる。なぜならば、所得が上昇し豊かになるにつれて社会保障制度が整備されることもあり、子どもから得られる労働効用や年金効用は小さくなる。消費効用が一定であったとしても、所得が上昇すると子どもから得られる効用は低くなる。このため、横軸に一人当たり国民所得、縦軸に子どもから得られる効用を設定すると、右下がりになる。一方、D_n は一人当たりの国民所得と子ども数 n のときの子どもからの不効用（費用）の関係を示すもので、右上がりとなる。なぜならば、所得が上昇すると子育て費用もそれ以上に上昇することや、所得が上昇すると子どもを産むことで仕事を休んだり辞めたりする費用（＝**機会費用**）も上昇する。このため、横軸に一人当たり国民所得、縦軸に子どもからの不効用を設定すると右上がりになる。A 点は子ども数 n のときの効用と不効用が一致する点であるため、y_1 は子ども数 n のときの一人当たり国民所得に対応する。

また、U_{n-1}は子ども数が減り$n-1$となったときに、一人当たり国民所得と子ども数$n-1$から得られる効用の関係を示す。子どもが増える（減る）ことで子どもから得られる効用は逓減（逓増）し、子どもから得られる不効用は逓増（逓減）するため、効用曲線Uは子ども数nが減りU_nからU_{n-1}となると上方シフトし、不効用曲線Dは子ども数nが減りD_nからD_{n-1}となると下方シフトする。子ども数$n-1$のときの均衡はBで、対応する一人当たり国民所得がy_2である。子ども数nのときに子どもから得られる効用と不効用は点Aで均衡し、そのときの一人当たり国民所得はy_1である。これは家計がy_1以上の所得だとn人の子どもを望まない水準である。所得が上昇してy_2になると均衡点はBになり、$n-1$人で子どもの効用と不効用が均衡する。つまり、所得が上昇すると、効用と不効用が均衡する子ども数は低下する。

一方、Caldwell（1976）は「利益の流れ（Wealth Flow）」という枠組みを用いて、出生率低下を説明する。コードウェル（Caldwell）は子どもから親へと世代間移転する利益と親から子どもに移転する利益の差（= Net Flow）を出生力転換と関連づける。コードウェルは、どの種類や発展段階の社会であっても、その社会に合わせて個人や家族は出生率の水準を決定しているとする。そのうえで、子どもから親に世代間移転する利益とは、子どもが将来面倒を見てくれるといった直接的なものに限らず、子どもがいることで親の威信を保つといった間接的なものを含む。伝統的社会では、子どもから親に移転する利益の方が親から子どもに移転する利益より大きい。しかし、近代社会では子どもから親に世代間移転する利益が減少するために、多くの子どもを持つことの利益が失われる。その結果、出生率が低下し、多産少死から少産少死への出生力転換を引き起こす。実証的証拠に乏しいとの批判も存在したが、この仮説は人口学の多くの研究者に影響を与えた。

6.2　相対所得仮説

次に、イースターリン（Easterlin）の**相対所得仮説**を説明する。イースターリンは相対所得という概念に着目し、相対所得が幸福度や子ども数の決定要因になっていることを実証している。相対所得仮説とは、自分の所得の絶対額ではな

く、誰かと自分の所得の差が重要であるという仮説である。相対所得と消費の関係については、デューゼンベリーは相対所得が消費を決定するとして、所得水準が消費を決定するとしたケインズ型の消費関数とは異なる消費関数を提示した。ケインズ型消費関数とその後の消費関数論争に関しては、8章で説明する。相対所得と生活満足度や幸福度の関係については、Easterlin（1995）は戦後、急激に経済成長をしているにもかかわらず幸福度がほぼ一定である日本を例にとって、相対所得が幸福度の決定要因として重要であるとする。相対所得が幸福度（生活満足度）に与える影響に関しても、近年、日本でも数多くの研究が存在するが、一例として浦川・松浦（2007）が存在する。この論文では、『消費生活に関するパネル調査』を用い、自分と同じ年齢層、学歴、居住地の平均所得と自分の所得の差を相対所得として、相対所得が生活満足度に与える影響を分析している。

　Easterlin（1987）は相対所得を幸福度や満足度に与える影響を検証することにとどまらず、アメリカのベビーブームを説明するためにも用いている。2章でも説明したように、アメリカのベビーブームは第二次世界大戦後、20年近く続いた。この状況を説明するためにイースターリンは相対所得仮説を用いる。この場合の相対所得（＝相対的豊かさ）は自分たちの親世代の豊かさと自分の豊かさの差である。つまり、親世代と比較して相対的に豊かであると考えるならば子どもを産むという仮説である。相対的豊かさを測る方法として、出生コーホートの大きさを用いる。つまり、ベビーブーム世代の親世代は相対的に世代の規模が小さく、彼ら世代に対して資源が多く配分されたために、相対的に有利な生活環境を享受できた。このため、初婚年齢も低く、子ども数も多くなった。逆にベビーブーム世代のようにその世代の世代規模が大きいと、一人当たりに向けられる資源が少なくなる。そのため、ベビーブーム世代は相対的に豊かではないと感じて子どもを産むことを控える。山田（1999）は自分の結婚相手と親の所得を比較し、結婚によって生活水準が低下することを懸念して、親と同居して現在の生活水準を保つために結婚を躊躇するという「パラサイト・シングル仮説」を提唱したが、これも一種の相対所得仮説と解釈することも可能である。

6.3　出生力決定の主流派経済理論モデル

　さらに、ミクロ経済学の枠組みを用いて子ども数の決定要因を分析した研究と

して、ベッカー（Becker）をはじめとした、**シカゴ学派**の一連の研究がある[1]。Becker（1960）は子どもを財の一種と仮定して、予算制約の下での効用最大化というミクロ経済学の消費者理論の枠組みで分析した。つまり、以下の式を解く。

$$\text{Max } U = u(n, Z)$$
$$s.t. \quad p_n n + \pi_z z = I$$

n は子ども数、Z はその他の財であり、個人の効用は子ども数 n とその他の財 Z から得られる。p_n は子ども数の費用で、π_z はその他の財 Z の価格、I は所得である。予算制約の下で、子ども数 n^* とその他の財 Z^* が決まる。そのうえで**比較静学**を行い、所得 I の増加や子ども数の費用 p_n が子ども数 n に与える効果を分析する。子どもが**上級財**[2]であれば、所得が増加すれば子ども数 n が増加する。また、子どもへの費用 p_n が増加すると子ども数が減少する。経済が発展すると子ども数が減少すると観測された事実から、この論文から子ども数の減少は、経済の発展が所得効果より子どもの費用を増加させる効果の方が大きいと説明される[3]。さらに、Becker and Lewis（1973）は先ほどのモデルに子どもの質を考慮することで、以下のように変更する。

$$\text{Max } U = u(n, q, Z)$$
$$s.t. \quad p_c n q + \pi_z z = I$$

q は子どもの質である。つまり、子どもの数が多いほど効用は高まるが、それぞれの子どもが、高い学歴だと効用が高まるという、効用関数のなかに子どもの質も含んだモデルである。このため、予算制約線は子どもの費用は子ども数 n だけでなく子どもの質 q に依存した非線形となる。そのうえで、一階条件を求めたうえで、所得効果（所得が子ども数に与える効果）と価格効果（価格が子ども数に与える効果）を導出する。この論文では子どもの質の効果を考慮することで、子ども数が上級財であっても、所得が増えても子ども数が減少する可能性を証明してい

1）シカゴ学派の理論モデルの解説として、加藤（2001）が存在する。

2）正常財ともいう。

3）日本のデータを用いて教育費と子ども数の関係を分析した最近の研究として、増田（2015）が存在する。

る。簡単に説明すると次のようになる。詳しい説明は加藤（2001）にある。

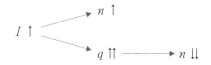

つまり、子どもが上級財であると、所得が高くなる（＝$I\uparrow$）と子ども数 n も増加（＝$n\uparrow$）する。一方、所得が高くなると、子どもの質も上昇（＝$q\Uparrow$）させる。ただし、子どもの質に対する所得の効果の方が、子どもの数に対する所得効果よりも大きく（＝子どもの質に対する所得弾力性の方が子どもの数に対する所得弾力性よりも高い）、さらに子どもの数と質にはトレードオフがあるために、子どもの質を上昇させると子どもの数を減らす必要がある。このため、所得が上昇すると子ども数が低下する。直観的に説明すると、所得が上昇すると、高学歴の子どもを期待し、子どもの数を減らして少数の子どもに重点的に投資する。さらに、Willis（1973）は質と数のトレードオフに加えて、時間配分の理論、家計内生産関数をモデルに組み込んで、出生力決定の静学分析を完成させた。

　これらの理論の実証分析としては、以下のものが存在する。古典的な研究であるButz and Ward（1979）は、男性の賃金は出生率に正、女性の賃金は出生率に負に影響することを示す。女性の賃金が出生率と負に相関するのは、女性の賃金が高くなると子どもを産むために仕事を辞めることで諦めないといけない収入（＝機会費用）がより高くなるためであると解釈でき、男性の賃金が出生率と正に関係するのは所得効果と解釈できる。Black, et al.（2016）は子ども数が夫の所得と正に関係するのかについて、逆の因果関係や子どもの費用の高さなどの要因をコントロールして、厳密な形で夫の所得が子ども数に与える効果を検証した。この論文では70年代の石炭価格の上昇によって、石炭が中心的な産業である地域の所得を外生的に上昇させること、また石炭産業のブームは男性の賃金には大きく影響するが、女性の賃金にはあまり影響しないために、女性の機会費用の効果が少ないことから男性の所得効果のみを抽出できることを利用している。その結果、非ヒスパニックの白人で住居費が高い地域に住んでいる人に限ると、夫の所得が完結出生児数に正に影響することを実証している。Hanushek（1992）は子どもの質と数のトレードオフを検証している。また、松浦（2011）はイースターリンの相対所得仮説とシカゴ学派の質と数のトレードオフの理論を接合させ、自分

と同じ学歴、年齢、居住地の平均所得と自分の所得の差を相対所得と定義し、相対所得が子どもの養育費を決定し、養育費が子ども数を決定するというモデルを実証している。つまり、高い塾に通わせるなどといった教育支出も含めた子どもへの**顕示的消費**を行うために子ども数を抑えていることを実証している。

　1980年代中頃から、出生力決定モデルと経済成長論が融合した。それまでの経済成長論はソローモデルに代表されるように、人口や技術進歩率は外生変数として所与として考えられていた。また、ソローモデルでは一人当たり国民所得が低い国では資本の限界生産性が高いために、経済成長率も高く、一人当たり国民所得は収斂していくはずであった。しかしながら、少なくとも先進国と発展途上国で一人当たり国民所得が収斂する傾向はみられない。そこで、経済成長率の高い国と低い国がなぜ生じるのかを説明することが必要となった。このような背景があり、Romer（1986）は技術進歩率を内生化して、**内生的経済成長論**の研究の出発点となった。内生的経済成長論に関する詳しい説明として、二神（2012）が存在する。

　この動きと相まって、出生力決定の理論分析においても1980年代半ばには1973年のJPE（Journal of Political Economy）に掲載された出生力決定の静学モデルの諸論文を超えて、動学分析へ研究が進んだ。例えば、Becker and Barro（1988）、Barro and Becker（1989）、Becker, Murphy, and Tamura（1990）などがある。Becker, Murphy, and Tamura（1990）は人的資本をモデルに組み込んで、高出生率・低教育水準・低成長と低出生率・高教育水準・高成長の複数均衡が生じることを理論的に示している。これらのモデルを丁寧に説明した本として、加藤（2001）が存在する。さらに、Galor and Weil（1996）は男性と女性の非対称性を入れたうえで、男女間の賃金格差の縮小や女性の就業率の上昇から出生率の低下を理論的に示している。このモデルでは、経済が発展するにつれて肉体労働ではなく、頭脳労働の重要性が増したことで男女間の賃金格差が縮小したことをモデルに組み込んでいる。Kimura and Yasui（2010）はGalor and Weilモデルに家庭内労働を組み込むことで拡張し、人口転換論を説明している。Galor and Weil（1996）以降の出生を組み込んだ内生的成長モデルは、橘木・木村（2008）が詳しい。

6.4 その他の出生率低下を説明する仮説

さらに、河野（2007）では第二次世界大戦後の先進国の出生率低下を説明する理論として、①合理的選択理論、②相対所得仮説、③リスク回避論、④ジェンダー間不衡平論、⑤低出生率規範の伝播・拡散論を挙げている。また、McDonald（2002）は日本やイタリアなどの低出生率国に着目し、①合理的選択理論、②リスク回避理論、③ポスト物質価値理論、④ジェンダー間不衡平論といった出生率低下を説明する4つの理論を提示している。ここで言われている合理的選択理論とはミクロ経済学的基礎付けのある出生決定分析でのことであり、相対所得仮説とともに既に説明したので、以下ではリスク回避論とジェンダー間不衡平論仮説を説明したい[4]。

リスク回避論に関しては、Beck（1986）は近代が発達するにつれ、「富を分配する社会」とそこでの争いに加えて、新たに「危険を分配する社会」とそこでの争いが発生すると主張する。前者を「階級社会」とし、後者を「危険社会」とする。危険社会では、だれがどのような危険に曝されているかを見えにくくすることで、社会階層とか社会集団が形成されることがなく、危険が個人化する。危険は就業や結婚、子育てといった領域にも侵食する。家庭内では、個人化過程の進展とともに、親と子どものつながりの質的変化をもたらす。親子関係は最後に残った交換不可能な関係となる一方、子どもは手間も金もかかり計算不可能であるために個人化過程の制約になっているとする。ベック（Beck）は近代化の進展とともに、子育てを含めた親子関係のリスクの高まりを指摘している。

さらに河野（2007）は、リスク回避論の例として1930年代の大不況期に西欧諸国の出生率はいっせいに激減したことや1990年代の旧ソ連圏の国々が、中央計画的経済から市場主義的経済に移行した際に大混乱が起き、出生率が「出生崩壊」と言えるほど著しく低下したことを挙げている。日本においても、非正規就業化が進展したことが非婚化や出生率の低下を促進したことが指摘されている。

4）河野（2007）は「第二の人口転換論」の文脈で規範の伝播・拡散論を定量的な数式モデルも確立されておらず、実証的研究の蓄積も不十分としつつも比較的高く評価している。しかし、突き詰めて考えると、産む規範がなくなったので産まないというのは、みんなが産みたくなくなったから産まないという説明であり、それ自体は正しいが、何も説明してないに等しい。

ジェンダー間不衡平論については、ヨーロッパでは北欧やイギリス、フランスでは出生率が高く、南ヨーロッパのイタリア、スペイン、ギリシャでは出生率が低い。また、日本、韓国、台湾といった東アジアも出生率が低い。ここから、男女の役割分業制度が存続している国では出生率が低い傾向がみられる。性役割分担が明確な国では女性の子育て負担が高くなることが、出産を抑制させる可能性が考えられる。例えば、水落（2010）では夫の育児分担が追加的な出産意欲に与える効果について、国際比較を行っている。その結果、夫の育児分担はスウェーデンでは妻の意欲を、日本と韓国では夫の意欲を高めることを実証している。内生性の問題から結論には一定の留保は必要であるが、出産を促進するために夫の家事分担が重要であるのは間違いない。

　また松浦（2007）は、子ども数が親の満足度に与える影響を男女に分けて考察している。子どもを持つ満足度や幸福度は子どもを持つ効用から費用を引いたものだと考えられる。子どもがいること自体から得られる効用は男女には差がないと仮定すると、子どもが親の満足度に与える効果の男女差は子どもを持つことの費用や負担によって説明できる。その結果、男性の場合は子どもが増えると生活満足度が上昇し、女性の場合は子どもが増えると生活満足度が低下するという対称的な結果が示された。子どもがいること自体の喜びは男女で同じであるならば、違いは子育て負担が男女で異なることから生じている可能性が考えられる。

　そこで、この論文では子どもの生活満足度に与える影響が男女で異なるのかを「教育負担仮説」を提示して検証し、学歴が家庭環境で決まると考えている人は、子どもの学歴のために家庭環境を整備すべきという意識が子育てを負担だと感じ、子どもが増えると満足度が低下するが、学歴が運で決まると考える人は子育てを負担だと感じないために、子どもが増えても生活満足度が低下しないことを実証した。これは、子育てというリスク回避論とジェンダー間不衡平論の1つの実証例と言える。松浦・照山（2013）はパネルデータを用いて固定効果を考慮しても、60歳未満の女性では子どもが増えると満足度が低下することを実証している。ただ、この場合、男性では非有意となっている。

　さらに、Matsuura and Kageyama（2015）は**エスピン＝アンデルセン**の福祉レジームごとの子ども数が生活満足度に与える影響や理想子ども数と現実子ども数のギャップの男女差に注目している。エスピン・アンデルセンは西欧諸国を英米などの自由主義国家、フランス、ドイツ、イタリア、スペインといった保守主義

表6-1　エスピン゠アンデルセンの類型

	自由主義国家	保守主義国家	社会民主主義国家
給付主体	市場	家族	国家
給付水準	最低限	補完性の原理 家族が維持できない場合、介入	高い水準の平等
給付手段	ミーンズテスト付き扶助 普遍主義的所得移転	母性を支援する家族手当 諸権利は階級や職業的地位に付随	普遍主義的
ジェンダー観	中立的	女性は働かないことを期待	全ての人が働くことを期待
典型的な国	米、英、豪、加	独、仏、伊、西	北欧

（出所）エスピン゠アンデルセン（1991）をもとに筆者作成

国家、北欧を中心にした社会民主主義国家に類型化する。エスピン゠アンデルセンの福祉レジーム類型をまとめたものが**表6-1**である。社会民主主義レジーム（北欧）のように、男女の地位が平等な地域では、子どもが満足度に与える影響や理想的であると考えている子ども数以上の子どもがいる割合の男女間の格差はほとんどない。しかし、東アジアや発展途上国では女性は男性と比べて本人の理想子ども数よりも実際の子ども数が多くなる傾向にある。さらに、子ども数が生活満足度に与える正の効果（負の効果）が女性の方が小さい（大きい）。この結果もジェンダー間不衡平論を支持する。

　6章では主に人口転換論の第三段階である少産少死の時代について取り上げた。第二次世界大戦後の先進国では、マルサスの罠の状況下で観察された所得と出生率の正の相関ではなく、むしろ負の相関が頑健な形で観察されるようになった。つまり、豊かであるほど出生率が低下する。このようなデータによって観察される事実を理論的に説明するという課題に多くの人口学者や人口経済学者が取り組むことになった。6章では代表的なモデルであるライベンシュタインの理論、イースターリンの相対所得仮説、ベッカーなどに代表されるシカゴ学派のモデルを紹介した。さらに、経済成長モデルの嚆矢であるソローモデルでは人口成長率が外生であったが、1980年以降、人口成長を内生化した経済成長モデルの研究が進んでおり、それらについて紹介した。さらに、経済学以外の分野における第二次世界大戦後の出生率低下を説明している理論に関しても取り上げた。

第3部

人口が経済成長に与える影響

第7章

経済成長を決定する3つの要因

人口と経済成長1

7.1 成長会計

第3部では人口が経済成長に与える影響について成長会計に基づいて説明する。**成長会計**とは Solow（1957）によって開発された手法である。成長会計を説明する前に、マクロ生産関数を取り上げる。マクロ生産関数は以下のように書くことができる。

$$Y = f(A(t), K(t), L(t))$$

資本 K と労働力 L を投入して財・サービスである Y を産出する。GDP はその年に産出される付加価値の合計で、Y と表される。産出量 Y は技術 A、資本 K と労働 L の増加関数である。

このようなマクロ生産関数に対して、具体的な関数形を特定化する方法はいくつか存在するが、最も一般的なのはコブ・ダグラス型生産関数といい、以下のような関数である。

$$Y(t) = A(t)\{K(t)\}^{\alpha}\{L(t)\}^{(1-\alpha)}$$

産出量 Y、技術 A、資本 K、労働力 L は時間によって推移するために、時間 t の関数である。また、α は資本分配率、$(1-\alpha)$ は労働分配率である。コブ・ダグラス型生産関数は（1）一時同次性、（2）資本・労働力の限界生産力逓減といった特徴を有する関数である。一時同次性とは資本と労働力が n 倍になると産出量も n 倍になることを意味する。資本の限界生産力逓減とは $\dfrac{\partial Y}{\partial K} > 0, \dfrac{\partial^2 Y}{\partial K^2} < 0$

となることを意味し、労働力の限界生産力逓減とは $\dfrac{\partial Y}{\partial L} > 0, \dfrac{\partial^2 Y}{\partial L^2} < 0$ となることを意味する。コブ・ダグラス型生産関数に対して対数をとって、時間 t で微分すると以下のようになる。

$$\frac{\Delta Y(t)}{Y(t)} = \frac{\Delta A(t)}{A(t)} + \alpha \frac{\Delta K(t)}{K(t)} + (1-\alpha)\frac{\Delta L(t)}{L(t)}$$

GDP 成長率 ＝ 技術進歩率 ＋ 資本分配率 × 資本成長率 ＋ 労働分配率 × 労働力成長率

Δ はデルタと読み、変化量を意味する。例えば、$\Delta Y(t) = Y_{t+1} - Y_t$ である。$\Delta Y(t)/Y(t)$ は GDP 成長率、$\Delta A(t)/A(t)$ は技術進歩率、$\Delta K(t)/K(t)$ は資本成長率、$\Delta L(t)/L(t)$ は労働力成長率である。$\Delta A(t)/A(t)$ は**全要素生産性**（TFP）と言われたり、資本成長率と労働力成長率によって説明できない部分を表すことから、**ソロー残差**と言われることもある。簡単に説明すると、財やサービスの付加価値の成長率（＝ $\Delta Y/Y$）は生産要素である資本と労働をどれだけ投入したか（＝ $\Delta K/K, \Delta L/L$）と、同じ投入量でどのぐらい効率的に付加価値を生み出したか（＝ $\Delta A/A$）によって決定される。

　直観的に説明すると以下のようになる。一国の経済をパンのみを産出する経済でたとえるならば、パンを産出するためには、多くのパンを焼く機械を使用するというような資本投入量を増やすか、多くの労働者を長時間働かせるといった労働力投入量を増やすか、同じ資本や労働力でも効率性を上げることで多くの生産量を生み出すかの３つしかない。この結果、GDP 成長率は上記のように技術進歩率、資本成長率、労働力成長率に要因分解[1]できる。

　上記の式の両辺から労働成長率（＝ $\Delta L/L$）を引いて計算することで、一人当たり GDP 成長率を求めることができる。

$$\frac{\Delta Y(t)}{Y(t)} - \frac{\Delta L(t)}{L(t)} = \frac{\Delta A(t)}{A(t)} + \alpha \frac{\Delta K(t)}{K(t)} + (1-\alpha)\frac{\Delta L(t)}{L(t)} - \frac{\Delta L(t)}{L(t)}$$

$$\frac{\Delta Y(t)}{Y(t)} - \frac{\Delta L(t)}{L(t)} = \frac{\Delta A(t)}{A(t)} + \alpha\left(\frac{\Delta K(t)}{K(t)} - \frac{\Delta L(t)}{L(t)}\right)$$

$$\frac{\Delta y(t)}{y(t)} = \frac{\Delta A(t)}{A(t)} + \alpha \frac{\Delta k(t)}{k(t)}$$

1）成長会計は GDP 成長率を供給の側面から分析し、潜在的生産力の観点から GDP 成長率を要因分解できるため、長期的な成長率の考察に適する。

一人当たり GDP 成長率＝技術進歩率＋資本分配率×一人当たり資本成長率

$\Delta y/y$ は一人当たり GDP 成長率であり $\Delta y/y = \Delta Y/Y - \Delta L/L$ であり、$\Delta k/k$ は一人当たり資本成長率であるため $\Delta k/k = \Delta K/K - \Delta L/L$ と表現できる。つまり、一国経済全体での労働生産性の上昇をもたらす要因は、一人当たり資本が増加することでもたらされる「資本蓄積」と「技術進歩」によって決定される。ちなみに、一人当たり資本（$k = K/L$）を**資本装備率**ともいう。さらに、これらの式から人口成長率が高いと労働力成長率を通じて GDP 成長率を上昇させるものの、資本装備率を低下させることで一人当たり GDP 成長率はむしろ低下する可能性を示唆する。ただし、ここでは人口成長率と労働力成長率を等しいとする点は注意を要する。8 章では人口成長率と労働力成長率の違いにも注目する。

　具体的な数値例を示す。仮想的な A 国では資本分配率が0.3（＝30％）、技術進歩率は5％、資本成長率が3％、労働力成長率が2％と仮定する。このとき次のように計算できる。

$$\text{GDP 成長率：} \Delta Y/Y = 5 + 0.3 \times 3 + 0.7 \times 2 = 7.3$$
$$\text{一人当たり GDP 成長率：} \Delta y/y = \Delta Y/Y - \Delta L/L = 7.3 - 2 = 5.3$$

さらに、労働力成長率が2％から1％に低下したとする。この場合は以下のようになる。

$$\text{GDP 成長率：} \Delta Y/Y = 5 + 0.3 \times 3 + 0.7 \times 1 = 6.6$$
$$\text{一人当たり GDP 成長率：} \Delta y/y = \Delta Y/Y - \Delta L/L = 6.6 - 1 = 5.6$$

　つまり、労働力成長率が2％から1％に低下すると GDP 成長率は低下するが、一人当たり GDP はむしろ増加する。理由は、労働力成長率が低下すると、一人当たり資本成長率である $\Delta k/k = \Delta K/K - \Delta L/L$ が上昇することで、一人当たり GDP 成長率が上昇する。たとえるならば、2 人で1 つの機械を使っていた労働者が、労働者が1 人減って1 人で1 つの機械を使用した場合、分業の利益がないならば一人当たりの生産量が増加するであろう。逆に人口成長によって労働者一人当たりの資本量（資本装備率）が減少することを**資本の希釈化**という。言い換えると、人口減少自体は経済にとってそれほど大きな問題ではなく、それ自体はプラスの効果もある。

1章でも人口ボーナスを説明したように、出生率の低下や人口減少は短期的には経済成長を促進する面がある。例えば、出生率と経済成長に関しては、Coale and Hoover（1958）の古典的研究が存在する。ここでは、人口成長が発展途上国で貯蓄と投資を阻害することで、経済成長に負の効果をもたらすと主張する。逆に考えると、子ども数が減少し子育て費用が低下することで家計の負担が減り、貯蓄の水準を高めて資本蓄積を促して経済成長を促進する。このような貯蓄と投資、そして投資と資本蓄積の関係は次節で説明するが、出生率の低下や人口減少は貯蓄率を上昇させ、貯蓄が投資の源泉となり資本蓄積を促進することで経済に正の効果がある。

　実際に、中国の経済成長の要因の一つとして、一人っ子政策によって家計の子育て費用の負担減少が人的資本を含む資本蓄積を促したことが挙げられる。出生率の低下は、短期的には若年人口の減少を通じて従属人口指数を低下させ、1章でも述べた人口ボーナスをもたらす。人口構造が経済成長率に与える影響の実証分析として、Mankiw, Romer, and Weil（1992）がある。この論文では、労働者人口一人当たり GDP は投資比率（＝物的資本投資が GDP に占める比率）が高いほど上昇する一方で、労働力人口の増加率が高まると有意に低下することが示された。このように、実証的にも投資比率が経済成長に影響することが明らかになった。

　日本の戦後の出生率の低下や中国の一人っ子政策は人口ボーナスを発生させ、日本の高度経済成長や中国の近年の経済成長を人口構造の面から促している。この意味では、出生率の低下は短期的には経済成長をもたらす。実際に、現在の中国の投資率（＝I/Y）は非常に高く、資本蓄積を中心とした経済成長であるが、その背景には出生率の低さと貯蓄率の高さがある。しかしながら、2章で述べたように、出生率の低下は高齢化の主要な決定要因であるため、長期的には出生率の低下は高齢化を促進して、人口ボーナスから人口オーナスとなる。それは現在、世界で最も高齢化率の高い日本の姿であり、高齢化が急速に進むことが予測される将来の中国の姿といえる。そして、高齢化は8章で示すように、それ自体では資本、労働、技術進歩に負の効果をもたらす。

7.2 IS バランス論

　7.2では IS バランス論と資本推移式を用いることで、貯蓄（＝S）が投資（＝I）の源泉となり資本蓄積（＝ΔK）をもたらすことを示す。そのうえで、8章で少子高齢化が貯蓄率に与える影響を分析することで、少子高齢化が貯蓄を通じ資本成長率に影響を与え、その結果、経済成長に与えるメカニズムを説明する。

　生産からみた GDP（＝Y^S）は

$$Y^S = C（消費）+S（貯蓄）$$

と書くことができる。直観的に説明すると、GDP とはその年に生みだされた付加価値の合計であり、生み出された付加価値は国民全体の所得になる。国民全体の所得は国民全体に分配され、消費か貯蓄に割り当てられる。また、支出からみた GDP（＝Y^D）は政府や外国の存在を仮定しないと、

$$Y^D = C（消費）+I（投資）$$

と書くことができる。**三面等価の原則**より、$Y^S = Y^D$ が成立することから、

$$C+S = Y^S = Y^D = C+I$$

となり、$I = S$ が成立する。

　以上のケースは政府や外国を考慮していないケースである。政府や外国を考慮すると支出からみた GDP（＝Y^D）と生産からみた GDP（＝Y^S）は次のように書くことができる。

$$Y^S = C（消費）+S（貯蓄）+T（税金）$$
$$Y^D = C（消費）+I（投資）+G（政府支出）+EX（輸出）-IM（輸入）$$

$Y^S = Y^D$ が成立することから、

$$C+S+T = Y^S = Y^D = C+I+G+EX-IM$$

この式を変形すると

図7-1　マクロ経済の循環図

$$(S-I)+(T-G)=EX-IM$$

となる。左辺の第一項は民間部門の黒字（$S<I$ならば赤字）を意味し、第二項は
政府部門の黒字（$T<G$ならば赤字）、右辺は対外的な黒字（$EX<IM$ならば赤字）
を意味する。現在の日本を IS バランス論で説明すると、政府部門は赤字である
が、民間部門の黒字で政府部門の赤字を補うことで、対外的には黒字を保つこと
ができている。例えば、日本の国債発行残高は2019年度末で897兆円となる見通
しである。ただし、その大部分は日本銀行をはじめとして、国内で日本国債は消
化しており、対外的な借金ではない。しかし、8章でも説明するように、高齢化
は貯蓄率を低下させる。このため、長期的に考えると、政府部門の赤字を減少さ
せることが必要となる。

　また、t 期の投資を I_t、t 期の資本ストックを K_t とする。そうすると、以下の
ような資本推移式を書くことができる。

$$K_{t+1}=K_t+I_t$$

となる。具体的に説明すると、今年のある国のすべての工場（資本ストック）に
１年間のうちに新たに工場を作ったものを加えると、工場が壊れないと仮定する
なら（資本の減耗がない）、来年の資本ストックになる。この式を書き換えると

$$K_{t+1}-K_t=\Delta K=I_t$$

となる。これらの結果から $S=I=\Delta K$ であり、貯蓄は資本成長の源泉である
ことが分かる。**図7-1**は資本と労働力を投入して Y を産出し、生み出された付
加価値は貯蓄と消費に振り分けられ、貯蓄は投資の源泉となり、投資が次の期の
資本となるというメカニズムを図式化したものである。

　先ほども述べたように、成長会計は一人当たり GDP の成長率のうち、技術進
歩率と一人当たり資本成長率の寄与分を分解できる有用な手段であり、各国の経

済成長の要因を分析することが可能である。また、Hayami and Godo（2005）では技術進歩率の上昇による経済成長をクズネッツ型とし、資本蓄積による経済成長をマルクス型とする。ただし、長期的な経済成長にとってより重要なのはクズネッツ型の「技術進歩」であり、マルクス型の資本蓄積だけでは長期的な経済成長が難しい。このことを、ソ連がマルクス型の資本蓄積によって一時的に経済成長を遂げたものの、長期的には生産性の低下による停滞をもたらし、最終的には崩壊した例を使って説明したい。

7.3 資本蓄積型の経済成長の例

ソ連は1917年の二月革命、十月革命を経て、1922年にロシア、ウクライナ、ベラルーシ、カザフスタンによって結成された。ソ連は労働力も良い教育を受けていたうえに、物的資本への投資率はアメリカよりも高く、高い資本成長率を記録した。ソビエトの中央集権的な指令経済は優先すべき分野と課題に大量の資源と労働力を集中して投入することで多くの成果を挙げた。資本蓄積の源泉は農業部門からの収奪によって行われた。ソビエト政権は農業部門から収奪した穀物を輸出して、工業部門へ投資して工業化を強力に推進した。このため、1929年アメリカから起こった世界恐慌の影響をほとんど受けずに、急激な成長を遂げた。**表7－1**はソビエトの1928/29年から1937年のソビエトの重工業生産の年間平均成長率を示したものである。その結果、機械の18.9％をはじめとして、重工業では平均17.8％の年間平均成長率を10年間続けた。

このように、ソビエトの重工業化は急激に進展したが、副作用も存在した。松戸（2011）によると、ソビエト政権は農民が余剰穀物を蓄積していると考え、食糧税の徴収が厳しくなされ、その結果、飢餓が続いた。つまり、1930年代のソビエトの重工業化は農村を収奪する「**原始的蓄積**」によって作り上げられた。猿蟹合戦でたとえると、おむすび（消費財）の消費を減らし、柿の種（投資財）に替えることで、数年後の柿の収穫量を増やしたが（経済成長）、猿（ソビエト政府）が蟹（ソビエト人民）を収奪し、多くの農民に必要なおむすびが与えられなかったので、多数の餓死者を出す事態を招いた。E.H. カーによれば、1925年時点ではソビエトは重工業すなわち資本財生産をとくに強調するものではなく、のちに消費財生産に対する生産財生産の優先のマルクス主義的「法則」として呼び出された

表7-1　ソビエト重工業生産の年間平均成長率、1928/29年から1937年

機械	鉄鋼	石炭	石油製品	電力	総計
18.9	18.5	14.6	11.7	22.8	17.8

（出所）ガーシェンクロン（2016）

ものは、この時期のソビエトの理論や実践のなかには存在しなかった[2]。工業化は農民や工業労働者に不当に重い負担をかけないことを想定していた。しかし、1927年に大都市の食糧不足が起こり農民宥和政策では、穀物供給を十分に保障できないことが明らかになった。そこで、市場に依存するのではなく組織的な計画化によるより急激な工業化を推進した。その結果は先ほど述べたとおりである。

このような強引な形で行われた重工業化を推進することで短期的には成長したものの、長期的には成長できなかった。その理由は、生産性の悪化による技術進歩率の低下が要因として挙げられる。Weil（2008）は非効率の源泉として、第1に、中央による計画があるとする。中央による計画は各財の需給調整を適切に行うことができない。このため、価格による調整よりも非効率になる。例えば、釘の生産工場は釘の生産目標が重量で与えられていた。そこで、簡単に重量の目標を達成するために、重くて使えない釘を生産したりしていた。第2に、経営者と労働者に働くインセンティブがなくなるためである。いい仕事をした人に報酬で報いたりする自由がなかったために、無断休業と職場飲酒が蔓延していた。つまり、ソビエトは農村を収奪して重工業化を推進することで、資本蓄積を行って成長したが、中央の非効率な計画や経営者や労働者に働くインセンティブが不足していたため、生産性が悪化し技術進歩率が低下することで、経済が停滞し1989年に崩壊した[3]。

マルクス型とクズネッツ型の経済成長に関しては、クルーグマンの *Foreign Affairs* に掲載された論文も有名である。Young（1995）は成長会計を用いて、1966年から1990年までの香港とシンガポールの経済成長について分析した。その結果、香港の一人当たりGDP成長率は6.1％に対して、シンガポールは7.0％であった。しかしながら、香港の経済成長は生産性の寄与が2.3％であったのに対

2）E.H. カー（1969）『ロシア革命の考察』p.169。

3）Weil（2008）参照。

して、シンガポールは0.2％であり、シンガポールは資本蓄積を中心にした経済成長であることが示された。この論文をもとにして、クルーグマンはシンガポールの経済成長はソ連型の資本蓄積[4]を中心にした経済成長でありいずれは停滞するとして、多くの論争をもたらした[5]。

　第7章では経済成長率（GDP成長率）を技術進歩率、資本成長率、労働力成長率によって分解する成長会計を取り上げた。そのうえで、成長会計を使用し、数値例を用いて労働力成長率の低下はGDP成長率を低下させるが、労働者一人当たりの資本成長率を増加させることで一人当たりGDP成長率を上昇させることを説明した。また、ISバランス論について解説したうえで、貯蓄が資本蓄積の源泉となることを示した。さらに、一人当たりのGDP成長率は技術進歩率と一人当たり資本成長率によって決定されるが、長期的な経済成長にとってより重要なのは技術進歩率であることを、ソ連の成長と衰退を例にとって説明した。

　4）ここでいう資本蓄積は「物的資本」および健康・教育向上による「人的資本」を指す。
　5）なお、最近、一部の中高年層を中心に定常型社会とか脱成長を主張する論者が増えたが、彼らは経済成長とは現在を犠牲にして将来の発展を目指す資本蓄積中心のソビエト型を想定しているように思われる。プロテスタンティズムの精神のない日本にて、ウェーバー的な「救いの確証」がない以上、高齢者がソビエト型の成長を否定するのはある意味当然な反応と言える。

第 8 章

人口構造が資本蓄積、労働力、技術進歩に与える影響

人口と経済成長 2

　7章では成長会計を説明し、GDP成長率は資本、労働、技術の成長率から構成されるとしたうえで、労働者一人当たりGDP成長率は労働者一人当たり資本成長率と技術進歩率によって決定されることを説明した。前者はマルクス型、後者はクズネッツ型と言われる。また、人口が減少すると資本装備率が上昇し、一人当たりGDPは成長する。それでは、日本の人口減少は問題がないのだろうか。

　確かに人口減少は理論的には一人当たりGDPを増加させる。ただし、第1部で説明したように、日本は人口水準だけでなく人口構造も変化する。具体的には少子高齢化がますます進展する。そこで、8章では人口減少や少子高齢化が資本、労働、技術進歩に与える影響について述べたうえで、成長会計を用いて日本の経済成長率の資本、労働、技術進歩の寄与分の推移をみていくことにする。

8.1　少子高齢化が資本成長率に与える影響

　はじめに少子高齢化が資本成長率に与える影響について説明する。7章で述べたように、資本成長率は貯蓄によって決定される。このため、少子高齢化の貯蓄への影響について説明したい。以下で説明する**ライフサイクル仮説**に基づいて考えると、少子高齢化が進展すると貯蓄率は低下する。この結果、資本成長率が低下し、経済成長に負の効果をもたらす。ライフサイクル仮説とは所得と消費の関係を示した消費関数であり、**モジリアーニ**と**アンドウ**によって提唱された。この仮説では、個人は若年期に貯蓄をして、老年期にその貯蓄を切り崩すような消費行動を行うと主張する。イソップ物語のアリとキリギリスで例えると、アリのように夏（＝若年期）に蓄えて、蓄えた食糧で冬（＝老年期）を生活する消費行動で

ある。

　それに対して、最も単純かつ有名な消費関数である**ケインズ型消費関数**は以下のような形である。

$$C = c_0 + c_1 Y$$

c_0 は基礎消費であり、c_1 は**限界消費性向**である。このように、消費は現在の所得にのみ影響している。しかしながら、ケインズ型消費関数は短期的な消費に関しては説明力が高いが、長期の消費関数を推計すると原点を通り傾きが1に近い直線で表されるために、長期の消費を適切に説明することが難しい。クズネッツはアメリカの第二次世界大戦後のデータを用いて、ケインズ型消費関数は短期の消費を説明することは可能だが、長期の消費を説明するには適切ではないことを発見した。この発見に触発されて、**消費関数論争**が行われた。

　ケインズ型消費関数と異なり、ライフサイクル仮説は長期の消費動向を整合的に説明することができる。ライフサイクル仮説に基づくと、高齢化が進展することは貯蓄を切り崩す層が増えることを意味し、その結果、貯蓄率が低下する。例えば、ホリオカ（2004）は有職の高齢者は貯蓄を切り崩していないが、無職の高齢者は貯蓄を切り崩しており、日本ではライフサイクル仮説が成立しているとする。一方、宇南山・大野（2017）は高齢化が貯蓄率に与えた影響を計測し、過去20年でのマクロ貯蓄率の低下のうち、高齢化という人口構成の変化で説明できるのは最大でも3割程度であるとする。

　7章ではISバランス論を用いて $S = I$ や $(S-I)+(T-G) = EX-IM$ を示したが、資本移動を考慮していない。外国を考慮して資本移動が完全に自由であるならば、国内外の貯蓄は国内外にかかわらず収益率の高いプロジェクトに投資すると考えられるので、ある国の投資率はその国の貯蓄率に依存せずに利子率にのみ依存すると理論的には考えられる。しかしながら、Feldstein and Horioka（1980）は各国のクロスセクションデータを用いて、国内貯蓄は国内投資と強い関連があり、完全なる国際的な資本移動が成り立っていないことを示した。これを**フェルドシュタイン＝ホリオカのパズル**という。この論文で示されたように、国内投資が国内貯蓄と強い関連がある以上、少子高齢化は貯蓄を通じて資本蓄積に影響する可能性が高いといえる。

8.2　少子高齢化が労働力成長率に与える影響

　次に少子高齢化が労働力成長率に与える影響について述べる。1章で説明した高齢化率や従属人口指数は人口構造や人口分布を測る有益な指標であるが、65歳未満だと全員が働き、65歳以上になると全員が退職するわけではない。そこで、実際にどのぐらいの人が働いているのかという指標は人口構造に関する指標と同じぐらい重要である。そこで、労働力に関する指標について説明したい。その結果が、以下のように示される。

$$
15\text{歳以上人口}\begin{cases}\text{労働力人口 (6,888 万人)}\begin{cases}\text{就業者 (6,731万人)}\\\text{完全失業者 (156万人)}^{1)}\end{cases}\\\text{非労働力人口 (4,200 万人)}\end{cases}
$$

労働力率は労働力人口と、非労働力人口に分けられる。非労働力人口の主な構成は高齢者、専業主婦（夫）、学生である。**労働力率**と**完全失業率**は以下のように定義される。

$$
\text{労働力率} = \frac{\text{労働力人口}}{15\text{歳以上人口}} \times 100
$$

$$
\text{完全失業率} = \frac{\text{完全失業者}}{\text{労働力人口}} \times 100
$$

完全失業者とは、①仕事がなくて調査期間中に少しも仕事をしていない、②仕事があればすぐ就くことができる、③調査期間中に、仕事を探す活動や事業を始める準備をしていたという3つの条件を満たす人のことを言う。2019年7月時点では、労働力率が62.1%、完全失業率が2.3%である。

　はじめに高齢化と就業者数との関係を論じたい。**図8-1**は年齢別就業者の推移を示したものである。この図から就業者数は1980年から1995年にかけてむしろ増加して、それ以降もほぼ一定で推移している。この要因としては、女性や高齢

---

1) 出所：総務省統計局「労働力調査」。数値は2019年7月時点のもの。「労働力調査」は無作為抽出した全国4万世帯、10万人程度の15歳以上人口を対象に毎月行われ、「月末1週間に少しでも仕事をしたかどうか」という質問に基づき就業者、完全失業者、非労働力人口を判別する。

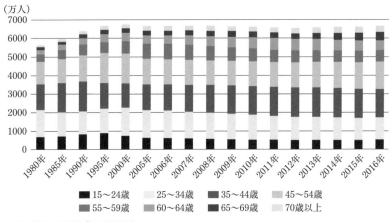

図 8 - 1　年齢別就業者数の推移

（万人）

凡例:
■ 15～24歳　　25～34歳　■ 35～44歳　　45～54歳
　 55～59歳　　60～64歳　　65～69歳　　70歳以上

（出所）総務省統計局『労働力調査』

者の就業者数の増加がある。この結果を見ると高齢化が労働供給に与える影響に
関しては大きな問題を生じるように見えないかもしれない。しかしながら、以下
の理由から、高齢化の進展が労働力成長率を低下させる懸念がある。第1に2016
年時点では団塊の世代の大部分が70歳になっておらず、今後は70歳以上の人口が
急激に増加することが予想されている。第2に、高齢者就業の比率の高かった農
業や自営業は、産業構造の転換によって、割合を低下させている。このため、65
歳以上の就業率は低下傾向である。このような理由によって、就業促進政策を行
わない場合、今後は就業者数の低下が予想されている。このため、女性や高齢者
の就業をさらに促進させることが必要となる。幸いなことに、日本においては高
齢者の就業率は低下傾向であるが、諸外国よりも高く、また就業意欲も高い点が
挙げられる。この点に関しては、10章で詳しく説明する。

8.3　少子高齢化が技術進歩率に与える影響

　最後に人口成長や少子高齢化が技術進歩に与える影響について説明する。人口
成長が技術進歩率に与える影響については議論がある。ソローモデルでは技術進
歩率は人口成長率と無関係であることを仮定し、人口成長率が上昇すると一人当
たり GDP は低下することを理論的に示している。それに対して人口と技術の正

の関係があるとする立場として、Kuznets（1960）は新しい知識の創造者は人口に比例すると仮定して、人口が増えると技術進歩率が上昇し、人口増加は一人当たり GDP を上昇させるとする。Kremer（1993）も人口成長率と技術進歩率には正の関連があることを理論化して、技術進歩がもたらす豊かさによって人口が増えることから、人口水準と人口成長率が正の相関があることを実証した。また、技術進歩には規模の経済が必要であり、一定の規模の研究者群が存在しないとイノベーションが起こりにくいことや人口増加が競争を招くことでイノベーションを起こすことができると考えられる。一方、ジョーンズは人口の規模が技術進歩率と正の相関があるという規模効果を否定している（Jones 1999; 2008）。このように人口規模や人口成長率と技術進歩率に関しては議論が分かれている。

　人口規模や水準でなく、人口分布については、新技術を発見し受容するのは若い世代である傾向が強いので、少子高齢化が技術進歩率に与える影響に関しては一般的には負の関係がある可能性が高い。少子高齢化が技術進歩率に与える影響について、『平成7年度経済白書』では少子化による若年層の減少によって、若年層の持つ創造性や積極性が失われることで技術進歩率が低下する負の側面と、人口や労働力が減少することで、機械への代替を促進するために技術に投資することで生じる正の効果があるとする。また、阿部（2009）は日本のデータを用いて、高齢化の進展が経済に与える影響について、生産の観点からは成長会計を用いて考察し、さらに高齢化が消費に与える影響についても論じている。さらに、高齢化が労働市場に与える効果にも考察している。

　人口構造と生産性に関係については、Kögel（2005）が1965〜90年の70カ国のパネルデータを用いて、年少人口指数[2]が生産性に与える影響に注目している。その結果、年少人口指数が技術進歩率（TFP）の成長率に負に影響することを実証した。さらに、年少人口指数が貯蓄率を低下させることや、貯蓄率が TFP 成長率を低下させることを実証することで、年少人口指数の上昇が貯蓄率を低下させ、貯蓄率の低下が TFP を低下させるというメカニズムを明らかにした。つまり、出生率の低下は短期的には年少人口指数を減少させて、人口構造上、経済成長をもたらす。前にも述べたように、このことを人口ボーナスと呼ぶ。ただし、長期的には少子化は高齢化をもたらすことで、経済に負の影響がある。

　2）15歳未満人口／15歳〜64歳人口

表 8-1　先進国の高齢化率と成長会計（1947〜73年）

	1950年高齢化率	1970年高齢化率	資本分配率	経済成長率	資本蓄積率	労働力成長率	技術進歩率
カナダ	7.67	7.9	44	5.17	2.54	0.88	1.75
フランス	11.39	12.86	40	5.42	2.25	0.21	2.96
西ドイツ	9.72	13.69	39	6.61	2.69	0.18	3.74
イタリア	8.09	11.07	39	5.27	1.8	0.11	3.37
日本	4.94	7.07	39	9.51	3.28	2.21	4.02
イギリス	10.83	13.03	38	3.73	1.76	0.03	1.93
アメリカ	8.26	9.84	40	4.02	1.71	0.95	1.35

（出所）Christensen et al.（1980）、齊藤他（2010）を元に筆者作成

　Feyrer（2007）は高齢化率や従属人口指数だけでなく、働いている世代内の年齢構造の違いに着目して、特に40歳代の層の厚さが生産性に与える影響について、国別のパネルデータを用いて分析している。この論文では先ほど述べたコブ・ダグラス型生産関数を仮定し、GDPを成長会計のときと同じように、人的資本、物的資本、生産性に分解する。そして10歳代から60歳代の労働力人口の割合の変化がGDPや生産性の変化に与える影響を実証し、40歳代の割合が高いと、GDP成長率や生産性の上昇率が高くなることを実証している。つまり、仕事の経験を蓄積し、活力のある40歳代が多いことが経済成長や生産性を決定する一因であるとする。日本の総人口に占める40歳代の割合は2000年の13.2％から2006年の12.3％まで低下しているが、その後は上昇し、2015年には14.6％である。ただし、日本の場合は特に氷河期世代が正規就業に就くことができずに、仕事での経験を通じた人的資本の形成が十分でなく、論文の結果が示すような40歳代が果たせるはずの貢献ができない可能性が懸念される。

　表8-1、**表8-2**は第二次世界大戦後の先進国における高齢化率と成長会計の結果である。資本分配率はおよそ40％と先進国間や年代による大きな違いはない。表8-1に示されるように、日本は1950年では4.94％と最も高齢化率が低く、次に低いカナダの7.67％とも3％ポイント近くの差が存在した。1970年時点でも差は縮小したものの、日本は最も高齢化率が低い国であった。一方、日本の1947〜73年の経済成長率は9.51％であり、先進国の中で最も高かった。フランスの高齢化率は1950年では11.39％と高いが、経済成長率も日本、西ドイツについ

表 8 - 2　先進国の高齢化率と成長会計（1960〜90年）

	1960年 高齢化率	1990年 高齢化率	資本分配率	経済成長率	資本蓄積率	労働力 成長率	技術進歩率
カナダ	7.5	11.27	45	4.1	2.29	1.35	0.46
フランス	11.65	14.03	42	3.5	2.03	0.02	1.45
西ドイツ	11.52	14.89	40	3.2	1.88	−0.25	1.58
イタリア	9.51	14.93	38	4.1	2.02	0.11	1.97
日本	5.73	12.08	42	6.81	3.87	0.97	1.96
イギリス	11.72	15.7	39	2.49	1.31	−0.1	1.3
アメリカ	9.19	12.49	41	3.1	1.4	1.29	0.41

（出所）Dougherty（1991）、齊藤他（2010）を元に筆者作成

で高い。イギリスは高齢化率が10.83％とフランスに次いで高く、経済成長率は最も低い。表 8 - 2 は1960〜1990年の結果である。1990年時点でも日本の高齢化率は12.08％とカナダに次いで低く、この間の経済成長率は6.81％と最も高い。

　また、経済成長率の内訳をみると、1947〜73年では日本は資本蓄積、労働力、技術のいずれも成長率が高いが、労働力成長率が他の国が軒並み１％未満であるのに対して、日本は2.21％であり、貢献が大きい。1960〜90年の場合、労働力成長率の寄与は大幅に低下して0.97％となり、カナダの1.35％やアメリカの1.29％よりも低下している。しかし、資本蓄積率が3.87％と効果が大きく、技術進歩率も1.96％とイタリアに次いで高い。かつて日本経済は貯蓄率が高い点が特徴であったが、このことが資本蓄積の高さに貢献していたと考えられる。また、貯蓄率の高さの要因の一つには年齢構造が若かったということが挙げられる。

　8 章では 7 章で説明した成長会計を用いて、少子高齢化や人口減少が資本、労働力、技術に与える影響を論じた。その結果、少子高齢化や人口減少は資本成長率、労働力成長率、技術進歩率の低下をもたらす可能性が高いことを示した。つまり、少子高齢化や人口減少は資本、労働力、技術の成長率を低下させることを通じて、経済成長率を低下させる可能性がある。実際にデータを観察すると、日本の高度成長期は他の先進国と比べて高齢化率が低かった。もちろん、人口構造だけで日本の経済成長を説明できるわけではないが、1 章で説明した人口ボーナスが資本、労働力、技術を通じて日本の経済成長を支える一因であった。今後は、人口減少や少子高齢化が進展することが予測されるので、日本の経済成長に

負の影響をもたらす惧れがある。そこで、9章以降では人口減少や少子高齢化に直面する日本がどのような政策を取るべきかを、資本、労働、技術の観点から考察したい。

第9章

女性の就業促進

少子高齢化社会における政策1

　8章では人口減少や少子高齢化の資本、労働、技術に対する影響を見た。その結果、人口減少の経済成長に与える影響については論者によって主張が異なり、議論が分かれている。一方、少子高齢化が経済成長に与える効果については若年労働者の減少を機械で置き換えるための技術への投資によって技術進歩率を上げる可能性があるものの、総じて悲観的な意見が強い。また、表8-1や表8-2から示されるように、高齢化率が高まるにつれて資本、労働力、技術の成長率は低下している傾向が観察される。

　このように日本は今後も高齢化が避けられず、高齢化が資本、労働、技術の成長率を低下させるならば、日本の経済停滞は必然的であるようにもみえる。しかし、日本の高齢化は避けられないが、政策によって経済成長を推進することは可能と考える。必要なのは女性と高齢者の就業促進と、教育投資による人的資本蓄積である。安倍政権は2016年に「ニッポン一億総活躍プラン」を閣議決定し、女性や高齢者の就業促進計画を進めている。これは、①働き方改革、②子育て環境整備、③介護の環境整備、④すべての子どもが希望する教育を受けられる環境の整備を柱にしている。働き方改革に関しては10章で、子育て環境整備は9章で、介護の環境整備は15章で、すべての子どもが希望する教育を受けられる環境の整備は11章や12章で説明する。

　そこで9章では政府の財政支援が出生率に与える影響について分析した先行研究を紹介したうえで、出生率を回復させることを目的とした子育て世帯に対する財政支援は少子高齢化に直面した日本における優先度の高い政策ではなく、むしろ、女性の就業促進や子育てをしながら仕事ができるような環境整備の方が重要であることを述べたうえで、現在の日本における女性の就業に関するいくつかの

論点を紹介したい。

9.1 金銭的なインセンティブが出生率に与える効果

少子高齢化に直面した日本では、子ども手当や子ども数に応じた所得や税額控除といった金銭的なインセンティブを用いて出生率を上昇させるべきという主張がある。もちろん、租税政策などを用いた金銭的なインセンティブが出生率に与える影響に関する先行研究は数多く存在する。Dickert-Conlin and Chandra (1999) は、節税のために12月最終週に生まれる子どもの多さを実証することで、税制度が出産のタイミングに影響することを実証した。Milligan (2005) はカナダのケベック州の第三子以降に対する手厚い家族手当の出生率に対する効果を、家族手当があるケベック州とそれ以外、第一子と第三子の家族手当の大きさの違いに着目し DID 推定にて検証し、家族手当の出生率に対する効果が大きいことを示している。Schellekens (2009) は、家族手当の効果が社会階層によって異なるという仮説を検証するために、学歴を社会階層の代理変数としたうえで、学歴と家族手当の交差項を説明変数にすることで家族手当の効果を検証している。さらに、出生率上昇とは別の文脈であるが、望まない出産（Unwanted fertility）を防ぐため、避妊に関する金銭的なインセンティブの効果を実証した研究として、Kearney and Levine (2009) はメディケイド[1]で保障されない人への家族計画への支援が望まない妊娠を減らすかどうかを検証するために、この制度が州ごとや年ごとによって異なることを利用した DID 分析を行っている。その結果、所得に基づいた家族計画支援の導入によって、10代の出生率を4.2%低下させることができることを実証している。さらに、松浦 (2011) は絶対収入ではなく、自分と同じ年齢層、学歴、居住地域の平均値と自分の所得の差で定義される相対所得が子ども数に影響するために、一律的な所得保障は出生率に影響しないことを実証している。そのうえで、養育費の高さは子ども数を減らす要因となっていることから、子育て費用を低下させることが出生率を上昇させることに有用であるとする。さらに、Cohen, Dehejia, and Romanov (2013) はイスラエルのパネルデータを用いて、子どもに対する補助金の政策変化の情報を用いて、子どもに対する

1）アメリカの医療保険に加入できない低所得者層に対する政府の医療給付制度である。

費用の出生率への影響を検証している。さらに、所得をコントロールすることで所得効果と子育て費用の相対価格の効果を識別している。その結果、子どもへの補助金による子育て費用の低下の効果は高所得者層の出生率に大きく影響することを実証している。

　しかしながら、以下で述べる3つの理由によって、金銭的なインセンティブによって出生率を上昇させる政策が全く不要というわけではないが、現在の日本の少子高齢化問題を解決する十分な政策とは言えない。第1に、今までも述べたように、仮に現段階で出生率を人口置換水準まで回復したとしても負の人口モメンタムによって人口が減少することは避けられない。また、現段階で急激な出生率の上昇が仮にあった場合、年少人口が増加することで少なくとも短期的には従属人口指数は上昇し、人口オーナスはより深刻化する。第2に、子どもが生まれることで女性が正規就業の仕事を辞めざるを得ない状況になった場合、その機会費用を考慮すると多少の子ども手当や税額控除といった金銭的なインセンティブでは到底埋め合わせができない。そのため、女性が出産を経ても就業継続できるような雇用環境の整備と比較すると、出産促進のための金銭的なインセンティブは費用対効果が著しく低い。第3に、先行研究では金銭的なインセンティブが出産に影響するという研究も数多く存在する。ただし、いくつかの研究では出産のタイミングに影響することを示すものの、出産のタイミングに影響するだけであり、最終的な子ども数を増加させる効果については明らかでない場合もある。例えば、丙午のときに子どもを産まないけど、その前後で子どもを産むことで、その世代の最終的な子ども数は変わらないということもある。つまり、出生率を上昇させるために金銭的なインセンティブを用いることは、女性の就業継続を促進することによって得られる収入に比べて低い額しか支出できないために、優先度の高い政策ではない。少子高齢化が進展することを前提とした政策が必要になる。

9.2　日本女性の就業構造

　女性就業に関しては数多くの論点が存在するために、全てを網羅はできない。そこで、論点を3つ取り上げる。第1に日本の女性就業にはどのような特徴があるのか、第2に女性の就業は少子化を招くのか、第3に女性の就業継続に対する

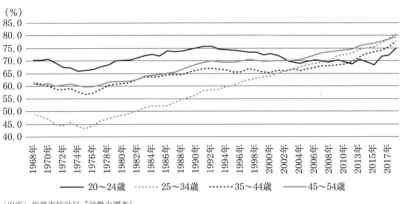

図 9-1 女性の年齢別労働力率の推移

（出所）総務省統計局『労働力調査』

政策は効果があるのかである。

　はじめに日本の女性就業の特徴を簡単に説明する。**図 9-1** は女性の年齢別労働力率の推移を示したものである。高度成長期では、20〜24歳の労働力率が最も高く70％程度であるのに対して、25〜34歳が最も低く50％未満であり、2017年とは全く逆である。25〜34歳の労働力率は高度成長期にはやや低下傾向であったが、オイルショック期辺りを境にして急激に上昇していることが分かる。また、35〜44歳や45〜54歳も高度成長期には60％ぐらいであったが、上昇傾向が続き、現在はおよそ80％となっている。かつては25〜34歳時点では主に子育て期になっており、仕事を辞めていることが一般的であったために、他の世代に比べて労働力率が低かった。

　このことは、**図 9-2** の男女別年齢別労働力率の結果をみるとより明らかになる。1980年の女性では典型的な**M字カーブ**を描いている。これは、高校、短大、大学などを卒業した後にいったん仕事をして、結婚や出産を機会に仕事を辞める。その後、子どもが成長するとパートタイムなどで再び就業するというライフコースを示している。一方、2017年になるとM字カーブが完全になくなったわけではないが、M字カーブの底が浅くなったうえにM字カーブの底が右上にシフトしている。この結果は、晩婚化、未婚化、晩産化の結果を反映したものである。ただし、依然としてM字カーブが完全に解消されたわけでなく、また男女の労働力率の差は依然として残っている。このように、M字カーブを解消することで、

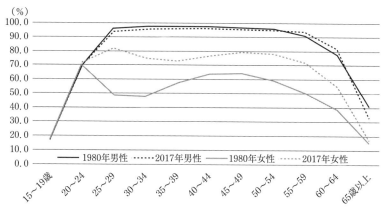

図 9 - 2　男女別年齢別労働力率

凡例: ── 1980年男性　······ 2017年男性　── 1980年女性　······ 2017年女性

（出所）総務省統計局『労働力調査』

人口構造の高齢化が進展しても労働力人口成長率の低下を抑制することが可能である。

　ただし、樋口・佐藤（2010）では、『就業構造基本調査』を用いて末子年齢別かつ正規、非正規別の1997年から2002年にかけての就業率の推移を分析した結果、この時期の雇用就業率の上昇は正規雇用の増加でなく、パート労働者等、非正規雇用の増加によってもたらされたとする。

9.3　男女間格差

　このように、女性の就業率は上昇しているものの2つの問題が存在する。第1に、男女間の賃金をはじめとする格差が依然残っているという問題がある。**図9 - 3**は所定内給与の男女間格差の推移を示したものである。1980年では女性の賃金は男性の6割弱であったが、徐々に格差が縮小しつつある。1985年には**男女雇用機会均等法**が制定され（施行は1986年）、職場における男女差別が法律で禁止された。さらに、1997年に全面改正、2006年に再改正され表面的には中立的な慣行や基準だが、実質的に性差別につながる行為や慣行である**間接差別**が禁止された。しかし、それでも依然として男女間賃金格差は残っており、2017年でも女性の賃金は25％以上低い。

　男女間賃金格差の要因分解の方法として、**オハカ・ブラインダー分解**が一般に

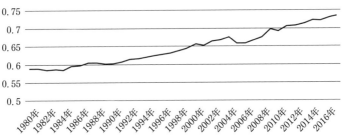

図 9 - 3　所定内給与の男女間格差の推移

(出所) 厚生労働省『賃金構造基本統計調査』

用いられる。Oaxaca（1973）や Blinder（1973）では、男女間の賃金格差を属性が異なることから生まれる格差と、属性の差以外から生まれる格差に分解する手法を考案した。具体的に式で書くと以下のようになる。

$$Y = X\beta_g + u_g \quad \text{for } g = A, B \qquad (9.1)$$

Y が被説明変数であり、今回は賃金である。X が説明変数ベクトルであり、賃金に与える要因であり、例えば年齢、学歴、職種などがある。β が年齢、学歴、職種などがどのぐらい賃金に与えるかという効果の大きさを表す。A, B はこの場合、男性と女性である。オハカ・ブラインダー分解とは、男女で働いている人の年齢、学歴、職種といった属性の構成比が違うのか、それとも年齢、学歴、職種といった属性の構成は同じであっても、これらの属性が賃金に及ぼす効果の大きさが違うのかを分解する方法である。例えば、男女間での賃金の違いは、学歴が賃金に与える効果は男女で同じであっても、そもそも男性では学歴が高いために、平均的に男性の方が高い賃金となっているのか、大卒比率は男女で同じであっても男性と女性では大卒であることの賃金への効果（＝大卒プレミアム）が違うのかを分解する手法である。(9.1) 式から、男性と女性の平均賃金は次のように書ける。

$$\overline{Y_A} = \overline{X_A}\,\widehat{\beta_A} \qquad (9.2)$$

$$\overline{Y_B} = \overline{X_B}\,\widehat{\beta_B} \qquad (9.3)$$

上付きバーは平均を表し $\overline{Y_A}$ は男性の平均賃金を、$\overline{X_A}$ は男性の各説明変数の平均を意味する。男性と女性の平均賃金の差は（9.2）から（9.3）式を引くことで、

$$\overline{Y_A} - \overline{Y_B} = \overline{X_A}\,\widehat{\beta_A} - \overline{X_B}\,\widehat{\beta_B}$$

$$\overline{Y_A} - \overline{Y_B} = \overline{X_A}\,\widehat{\beta_A} - \overline{X_A}\,\widehat{\beta_B} + \overline{X_A}\,\widehat{\beta_B} - \overline{X_B}\,\widehat{\beta_B}$$

$$\overline{Y_A} - \overline{Y_B} = \overline{X_A}(\widehat{\beta_A} - \widehat{\beta_B}) + (\overline{X_A} - \overline{X_B})\widehat{\beta_B} \qquad (9.4)$$

となる。つまり、男女間の平均賃金の差（$=\overline{Y_A} - \overline{Y_B}$）は、年齢、学歴、職種などといった説明変数の平均値の差（$=\overline{X_A} - \overline{X_B}$）によって説明できる部分と、説明変数が賃金に与える効果と解釈できる係数の差（$=\widehat{\beta_A} - \widehat{\beta_B}$）に分解することができる。

　また、Fortin, Lemieux, Firpo（2011）では、オハカ・ブラインダー分解と**反実仮想**との関連を考察している。直観的に説明すると、係数の差（$=\widehat{\beta_A} - \widehat{\beta_B}$）は（9.4）式では男性の平均賃金 $\overline{X_A}$ での男女間の係数の差であり、仮想的に属性が男性だった場合の属性が賃金に与える効果（＝係数）の男女差を表しているという意味で、両者は密接な関連がある。そのうえで、分位回帰モデルやパネルデータへの拡張方法についても解説している。この手法を用いて、日本の男女間賃金格差を検証した最近の研究としては、Hara（2018）が存在する。この論文では、男女間賃金格差を教育などの人的資本の構成比によって説明できる賃金差と、人的資本の構成比の差では説明できない賃金差（＝男女の学歴が同じであったとしても賃金が異なる部分）に分解して、さらに賃金の高い層と低い層では、学歴などで表される人的資本の構成比の男女差が男女の賃金格差に与える影響が異なるのかについて検証している。その結果、中位層と比較して、賃金が低い層や高い層で人的資本の構成比で説明できない賃金格差が大きいとする。

　男女間格差を理論的に考察した研究として、川口（2008）ではジェンダー格差が生じる理由として**統計的差別**の仮説を検証している。さらに、女性就業の企業業績に与える影響を分析している点である。統計的差別とは、個々人の離職確率は分からないので、女性は平均的には仕事を辞めやすいという統計的事実をもとに採用や昇進で差別が行われることである。

一方、女性が働くことに対する社会的な意識自体が政治体制や政策から影響されるとする研究も存在する。例えば、Campa and Serafinelli（2019）は東西ドイツの分割という外生的なショックを用いて、分割前は同じ文化圏に属して同じような労働に対する意識を持っていたはずであるベルリンの壁の近隣に住んでいる人々であっても、その後、東ドイツの女性の伝統的性別役割意識が低くなっていることを示すことで、同じ文化圏であっても政策や政治体制によって女性が仕事をすることに対する意識が異なることを実証している。言い換えると、この論文では女性が仕事をすることに対する意識といった性別役割意識すら、文化や社会慣行によってのみ決定されるのではなく、政策や政治体制に強く影響されることを示唆したものである。

　さらに、最近では実験経済学的な手法を用いて、男女の競争に対する意識の差やリスク選好が賃金などの労働市場の成果の差につながっている点に着目した研究も存在する。Bertrand（2011）はそのような研究を紹介している。日本を扱った研究としては、Booth and Yamamura（2018）が存在する。この論文では、男女が同じ条件で競争する競艇に着目し、男女混合レースでは男性はタイムがよくなるが、女性ではタイムが悪くなることを実証している。さらに、男性は男女混合レースではより攻撃的な戦略を採用するが、女性は逆であることも実証している。

　日本の女性の昇進に関する研究として、山口（2017）では日本では学歴による昇進確率の差よりも男女の昇進確率の差の方がはるかに大きく、男女で学歴、年齢、勤続年数、就業時間が同じであっても60％以上の部分はそれ以外の要因で男女の管理職割合の差が説明できることを示した。人的資本などの属性の差から説明できない男女の昇進確率の差は、一般職・総合職といったコース制を用いて、統計的差別を行って、女性に対して管理職昇進トラックから外す慣行が原因であるとする。Kunze and Miller（2017）はノルウェーの私企業のデータを用いて、女性上司では女性の昇進確率が上昇するが、女性比率が高い職場では昇進確率が低下することを示した。つまり、女性の昇進にとって女性上司は正の外部性があり、同僚女性が多いことは負の外部性がある[2]。

　女性の就業が企業業績に与える効果を分析している研究として、児玉他（2005）ではクロスセクションでは女性の就業率と企業業績は正の相関だが、固定効果モデルでは無相関であることを示した。つまり、女性の就業率が高くなる

と企業業績がよくなるという関係はみられるが、企業風土など第三の要因が就業率にも企業業績にも正に影響している可能性があるとする[3]。さらに、賃金格差だけでなく、女性の経営者比率も諸外国に比べて低い。これも統計的差別の問題があると考えられる。

脇坂（2018）も男女均等政策や**ワークライフバランス**の企業業績に与える効果を分析している。その結果、日本的雇用慣行の特徴の1つである、「遅い昇進」の企業では女性管理職比率が低い。この結果は、一見、アメリカ的な早い選抜を行うと女性管理職が増えるようにみえる。しかし、急激な変化は有能な管理職候補の見極めといった遅い昇進企業の長所を損なう可能性もある。また、「早い昇進」企業ではWLB施策に熱心であることを考えると、WLB施策に熱心であれば、「遅い昇進」企業でも女性管理職企業が増える可能性があるとする。この結果は、日本的雇用慣行と女性の活躍促進の両立可能性を示唆する。つまり、日本的雇用慣行が女性の活躍促進の制約になっているという主張がなされる傾向にあるが、遅い昇進によって丁寧に人材を見極めつつも、WLBを推進することで女性の管理職を増やしていくことも考えられる。

9.4　就業と出産の両立

第2の論点である、女性の就業は少子化を招くかという論点について説明したい。かつては、女性の就業は少子化を招くという意見があった。しかし、Ahn and Mira（2002）はOECD各国のクロスセクションデータを用いて、近年では出生率と女性の労働力率に正の相関があること示した。それに対して、Kögel（2004）は固定効果を考慮した**パネルデータ**では負の関係が観察されるとする。ただし、近年ではその関係が弱くなっている。**図9-4**は1980年と2015年の都道府県別の共働き世帯率と合計出生率の関係を示したものである。1980年でも弱いながらも正の相関が存在したが、2015年になると正の相関が強くなっている。も

2）労働市場に入る以前における男女差別に関しても数多くの研究がある。例えば、Alan et al.（2018）は教育現場の男女差別と生徒の学業成績の関係を分析し、性別役割分業規範が強い教師に教わる女児の学業成績が低下することを実証している。

3）ただし、Siegel and 児玉（2011）では内生性の問題を考慮しても女性の就業が企業業績に正の効果があるとする。

図 9 - 4　共働き率と合計出生率：都道府県別：1980年、2015年

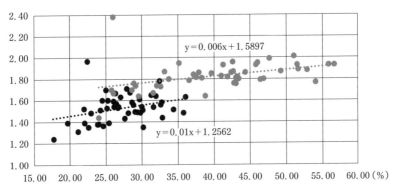

（出所）総務省統計局『国勢調査』
（注）横軸が共働き世帯率で縦軸が合計出生率である。

　ちろん、単純な２つの変数の相関に過ぎないので、三世代同居率や自営業率など
の第三の変数が共働き率と合計出生率に影響している可能性は十分に考えられ
る。ただし、それでも少なくとも両者には負の関係がないこと、第三の変数が存
在しているとしても、それが政策によって変化できる変数ならば、共働きと出生
率の上昇の両立は可能である。
　そこで、第３の論点である、結婚、出産後の継続雇用のためにどのような政策
が有効であるのかという論点がある。結婚、出産後の継続雇用に関しては、近
年、多くの実証研究が行われており、全てを紹介するのは難しい。そこで、①育
児休業制度、②保育施設の拡充といった政策の効果を研究した日本の代表的な先
行研究を紹介したい。育児休業に関して、**図 9 - 5** は子どもの出生年別・出産前
後の妻の就業変化の推移を示したものである。1985〜89年以降、妊娠前から無職
は一貫した低下傾向が観察される。一方、出産退職は1985〜89年から2005〜09年
までほとんど変化が見られず、逆に若干増加傾向すら見られる。結婚前から無職
が増えたことと併せて考えると、かつては結婚を期に退職していたのが、出産を
期に退職する傾向になった可能性がある。この結果は、1997〜2002年では子ども
を持つ有配偶女性の雇用就業率がほとんど上昇していなかったとする樋口・佐藤
(2010) と整合的である。ただし、2010〜14年は出産退職が10％ポイント近く低
下した。それに対して、就業継続は2000〜04年以降上昇傾向を示し、さらに
2005〜09年から2010〜14年にかけて育児休業を利用した就業継続が大幅に増加し

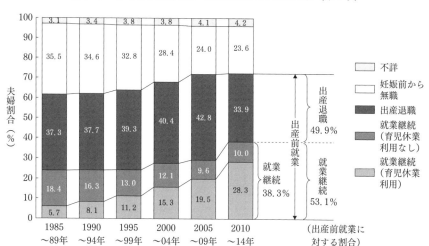

図9-5 子どもの出生年別・出産前後の妻の就業変化（第1子）

（注）対象は第1子が1歳以上15歳未満の初婚どうしの夫婦。第12回～第15回調査の夫婦を合わせて集計した（客体数12,719）。「出産前就業に対する割合」は図表Ⅱ-4-4参照。就業変化は、妻の妊娠判明時と子ども1歳時の従業上の地位の変化を見たもの。
（出所）国立社会保障・人口問題研究所（2015）『第15回 出生動向基本調査（夫婦調査）』

た。

　一方、寺村（2018）は育児休業取得にあたり職場内で新たにおきている問題を3つ指摘している。第1に、諸外国に比べ長い育児休業期間による、育児就業取得者のその後のキャリア形成の問題である。長期間の休業によって人的資本が摩耗することや個人のモチベーションに低下によって、復帰後のキャリアの遅れがある。第2に、法制度が充実しても育児休業制度などを活用しにくい問題がある。第3に、ワークライフバランス施策を利用している周辺の労働者が不公平感を認識する傾向が高まったという問題である。第2と第3の問題は密接に関連する。例えば、部局内の人的資源に余裕がない状態で、従前と同じ程度の代替要員を確保せずに育児休業を促進すると、部局の周囲にしわ寄せがくるので、周囲の不満は高まる。このような状況に陥ると予測すると、少なからぬ人は制度を利用することを躊躇する。このため、企業が育児休業制度やワークライフバランス施策を推進するためには、利用者本人だけではなく、利用者を取り巻く環境にも配慮し、利用しやすい環境を形成する必要がある。

さらに、欧米と雇用慣行を比較すると、日本では各従業員の職務が明確ではない。職務が明確であるならば、自分と同じ部局の人が仕事を休業しても、自分の職務ではない仕事を負担する必要はなく、他人の休業にも寛容になる。しかし、職務が明確でない場合、他人の休業によって自分に仕事が増える可能性がある。これが周辺の不満をもたらす。このことは最近の働き方改革が日本の雇用慣行を問題視する理由の1つである。ただし、職務が明確化することによって別の問題も引き起こす。この点については、10章で論じたい。

　育児休業制度の効果を実証分析した先行研究としては、永瀬（2014）が2009年に法制化された3歳未満児のいる雇用者に対する育児短時間の義務化の効果を取り上げている。この制度の義務化は100人以上の企業に対して行われており、義務化されていない100人未満の企業との差が外生的に生じていることを**自然実験**とみなして、**DID**分析を用いて政策効果を識別している。一方、Asai, et al.（2015a）は「就業構造基本調査」を用い、育休給付金の引上げが外生であることを利用して、1995年と2001年の育児休業制度の改正が女性の就業継続に及ぼした効果を検証している。その結果、育休給付金が母親の就業継続を押し上げたという証拠は見つからなかったとする。さらに、Dahl, et al.（2016）はノルウェーのデータを用いて、給付金付きの育休を延長する政策の効果を分析している。その結果、育児休業の拡大は母親が家にいる時間を増やす効果はあるものの、子どもの教育水準の向上や、母親のその後の就業年数や賃金に対する長期的な影響は確認できないとしている。さらに、給付金付きの育休を取得できる人は高学歴女性に多く、彼女たちの多くは所得の高い高学歴男性と結婚する傾向にある。このため、給付金付きの育休が低所得者層から高所得者層への所得再分配につながっているとする。

　また、保育施設の整備が結婚・出産と就業の両立可能性に与える影響を分析した研究として宇南山（2011）がある。一方、Asai et al.（2015b）は保育所の定員を6歳未満の人口で割った「保育所定員率」が都道府県の固定効果をコントロールすると、母親の就業に対して有意な影響がないことを示している。つまり、保育所整備が母親に就業を促進しているわけではないとする。ただし、核家族に焦点を当てると、都道府県の固定効果をコントロールしても保育所定員率が母親の就業にプラスの効果を持つことを示す。これらの結果から、保育所整備が母親の就業を促進しない理由として、保育所と祖父母の育児は代替的であり、核家族化の

進展による祖父母の育児が減少する以上に保育所整備があってはじめて母親の就業にプラスの効果があるのではないかとする。このように、女性の就業や出産と就業の両立可能性を促進するための政策効果に関する研究の蓄積は膨大に存在する[4]。

　保育所の整備に関しては、子育て中の保護者が保育所または学童保育施設に入所申請をしているにもかかわらず入所できず、入所待ちしている状態の児童である**待機児童**の問題もある。2018年4月時点にて、待機児童数は19,895人で前年比6,186人の減少した[5]ものの、いまだ2万人近く存在している。鈴木（2018）はここで示される待機児童数は氷山の一角であり、潜在的には何倍もの待機児童がいるとしたうえで、その原因として①認可保育の安すぎる保育料設定、②認可保育所と無認可保育園の保険料格差、③認可保育所の高コスト構造と公費依存体質、④認可保育所の参入規制があるとする。近年の実証分析の特徴としては、因果性を識別するための手法が洗練されつつあり、パネルデータを用いた固定効果モデル、操作変数、自然実験、DID など多くの手法が開発されている。これらの手法を一般向けに説明したものとして、伊藤（2017）、中室・津川（2017）、西内（2013）などが存在する。

9.5 出産・育児と就業の両立に関する法政策の推移

　出産、育児と就業の両立政策を含めた少子化政策に関して、守泉（2015）は1990〜2015年に至るまでの変遷を5期に分けてまとめており、ここでは簡略化して2019年初頭に至るまでの時期を4期に分けて、概要を説明する。

　第1期は1990〜2001年である。1990年の「1.57ショック」により人口減少社会への取り組みの必要性が痛感されたことを背景にして1991年に制定（92年施行）された**育児休業法**では、産前6週間と産後8週間まで取れる「産前・産後休業（産休）」を取得後、産後子どもが1歳になるまでの期間、育児休業を申し出る権利を労働者に付与した。育児休業法は1995年に改正され、**育児・介護休業法**とな

4）育児休業制度の人事考課や昇進との関連を企業へのアンケートを用いて分析した研究として、脇坂（2018）が存在する。

5）出所：厚生労働省『保育所等関連状況取りまとめ（平成30年4月1日）』

った。当初は育児休業中の所得保障がないといった理由で取得率は低かったものの、休業中の所得保障額の引上げや、休業中の社会保険料の支払いの免除などの支援策の効果もあり、取得率は上昇した。2014年にはさらに育児休業給付が引き上げられ、育休期間中は取得前の給料の67％が「育児休業給付金」として支給されるが、6か月経過後は50％に減額される。1994年には「**エンゼルプラン**」が策定され、それに基づいて保育サービスの強化を目指して「緊急保育対策5か年事業」が策定された。5年後の1999年には「新エンゼルプラン」が策定され、2001年には「待機児童ゼロ作戦」が閣議決定された。

第2期は2002〜2009年である。2002年には厚生労働省は「**少子化対策プラスワン**」を発表した。ここでは、新たな視点として、若者の経済基盤の安定化を挙げ、「男性を含めた」働き方の見直しを強調した。さらに2003年には「**次世代育成支援対策推進法**」が成立した。この法律により、301人以上の労働者を雇用する大企業と地方自治体に、労働者の仕事と家庭の両立のために必要な雇用環境の整備についての行動計画の策定が義務付けられることになった。

第3期は2009〜2012年である。「コンクリートから人へ」を訴えた民主党が2009年8月の衆議院議員総選挙で480議席中308議席を獲得し、2009年9月に政権が自民党から民主党に交代した。民主党政権では、少子化対策は「子ども手当」に代表されるように、子育て世代の現金給付も重視する政策に転換した。「子ども手当」は2012年4月以降、「児童手当」に名称を戻し、所得制限が復活した。2011年には「改正次世代育成支援対策推進法」が施行され、100人を超える一般事業主は次世代育成支援対策の内容と実施時期を定めた計画を策定し、厚生労働大臣に届け出することが義務付けられた。また、2012年には「育児・介護休業法」が改正され、100人以下の企業も短時間勤務や所定外労働免除が義務化された。

第4期は2013年以降である。2012年12月の衆議院議員総選挙で自民党が480議席中294議席を確保し、再び政権が自民党へ交代した。2016年には「ニッポン一億総活躍プラン」が閣議決定された。さらに「育児・介護休業法」が再改正（2017年施行）され、非正規雇用者の育休取得要件の緩和や、介護休業の分割取得が可能になった。

8章では少子高齢化や人口減少が資本、労働力、技術の成長率を低下させる可能性があることを指摘したことを受けて、9章では少子高齢化や人口減少に直面

した日本が取るべき政策の1つとして女性の就業促進を通じた労働力成長率の上昇を図るために何が必要かということを論じた。日本では年齢別の女性労働力率がM字カーブを描くという特徴がある。近年ではM字カーブの底がやや浅くなってきたが、依然としてM字カーブが残っていることを示した。さらに、女性の労働力率は上昇しているとはいえ、男女間賃金格差は依然として残っていることを指摘し、男女間賃金格差を分析する手法であるオハカ・ブラインダー分解を紹介したうえで、この手法を用いた研究を紹介した。また、先行研究や都道府県別データから女性の就業と出生率の関係を論じ、近年では女性の社会進出が少子化を招くということは言えないことを示した。さらに、出産や育児と就業に関して、法制度の変遷を紹介し、育児政策の女性の就業に与える効果を分析した先行研究を紹介した。

第10章

高齢者の就業促進と日本的雇用慣行

少子高齢化社会における政策 2

　9章では女性の就業促進の現状を述べたうえで、就業促進への課題についての論点をいくつか取り上げた。そこで、10章では日本の高齢者就業の特徴を他国と比較したうえで、高齢者就業に関する制度がどのように変わってきたのかを述べる。さらに、高齢者就業の促進が若年層雇用を抑制するという**置換効果**を解説したうえで、高齢者の就業が若年者雇用の抑制につながっているのかを分析した先行研究を紹介する。最後に女性や高齢者の就業促進は従来の日本の雇用慣行と両立しづらい面もある。政府が推進する**同一労働同一賃金**や長時間労働の是正などといった**働き方改革**も日本的雇用慣行が生じる問題を是正することで高齢者や女性の就業を促進するという面がある。しかし、日本的雇用慣行の良い側面と働き方改革を両立させる必要があることを説明する。

10.1　日本の高齢者の就業構造

　はじめに日本の高齢者の就業率の特徴をみてみたい。**図10-1**は65歳以上就業率の各国比較である。この図からわかるように、日本の高齢者の就業率は韓国よりは低いが、西欧諸国と比較すると男女ともに高い。また、高齢者の就業意欲も高い。**表10-1**は理想引退年齢の国際比較をしたものである。70歳まで働きたいと回答した人は日本では31.3%、韓国では32.1%と高い。それに対して、アメリカでは15.5%、ドイツやスウェーデンでは5%未満である。清家・山田（2004）は高齢者の就業意欲が高い理由や、年金制度などが高齢者就業に与える影響を分析している。また、高木（2008）は人的資源管理論の立場から、高齢者雇用に合わせて人的資源管理制度がどのように変化したかについて、主に企業アンケート

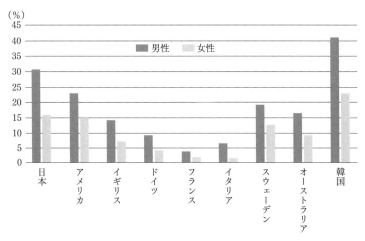

図10-1　就業率の国際比較（65歳以上）

（出所）日本：総務省統計局『労働力調査』、その他：OECD Database
（参考）労働政策研究・研修機構『データブック国際労働比較2018』

表10-1　理想引退年齢の国際比較（％）

	日本	アメリカ	ドイツ	スウェーデン	韓国
40歳以下	0.1	0.1	0	0	0.3
50歳ぐらい	0.1	1.2	0.5	0.4	1.4
55歳ぐらい	0.3	5	4	2.3	1.8
60歳ぐらい	11.1	16.2	47	45.8	12.8
65歳ぐらい	40.3	45.3	42.2	42.3	29.6
70歳ぐらい	31.3	15.5	2.2	3.4	32.1
75歳ぐらい	7.7	2.5	1.5	0.4	8.7
80歳ぐらい	2.8	0.8	0.3	0	5.9
その他	5.8	8.1	2.2	5.5	7.5

（出所）社会生産性本部『活用労働統計』2004年版

などを用いて分析している。

　このように、日本では高齢者就業率、高齢者の就業意欲ともに高い。高齢化が
進展することは確実であるが、高齢者の就業を促進することで、高齢社会に対応
することは可能である。年金受給年齢に引上げに対応するためといった受動的な
側面も強いが、実際に高齢者就業を促進するための法制度も整備されつつある。

例えば、**高年齢者雇用安定法**は2004年に改正され、定年の定めをする場合は60歳を下回ることはできないとした。さらに、65歳未満の定年を設定していた企業に対しては65歳までの安定した雇用を確保するため、①定年の引上げ、②継続雇用制度の導入、③定年の定めの廃止のいずれかの措置を講じなければならないとした。

このような定年延長の法整備が行われる背景には、年金の受給年齢の引上げがある。表3-4で説明したように、1960年の男性の65歳時点の平均余命は11.6歳であったのに対して、2010年の場合は18.7歳と長くなっている。このため、同じ年齢であれば年金受給期間も長くなる。そこで、厚生老齢年金は男性については、支給開始年齢が60歳から65歳に向けて2001年度より、女性は5年遅れで段階的に引き上げられ、2013年には定額部分の支給開始が65歳になった。また、報酬比例部分に関しても同様に支給開始年齢が引き上げられ、2025年から支給開始年齢が65歳となる[1]。

10.2　高齢者就業と日本的雇用慣行

高齢者の就業促進は、今後さらなる高齢化が進展する日本においては必要であるが、実現に向かって2つの課題がある。第1に、高齢者雇用が若年者の雇用を抑制する可能性についてである。高齢者雇用が若年者雇用を抑制する効果を**置換効果**という。置換効果を検証した研究として、玄田（2001）、太田（2002）などが存在する。玄田（2001）は事業所レベルの雇用変動に着目した雇用創出・喪失研究と呼ばれる手法を用いて、年齢階層別の雇用機会の増減率を分解したうえで、新卒採用率や中途採用率の決定要因を分析している。その結果、45歳以上比率の高い事業所では新卒や中途採用が抑制されていることを示す。太田（2002）は主観的データを用いて、企業規模が大きい企業の方が中高年の雇用を守るために新卒の採用を抑制していることを示す。

また、太田（2010）では**世代効果**を含めた若年者雇用に関して様々な観点から実証分析が行われている。世代効果とは**新卒一括採用**が雇用慣行として存在する日本の労働市場において、たまたま新卒時に不況であり採用されないと、その後

1）参考：菅野（2012）

に景気が回復しても、企業は景気が回復したときの新卒を雇用するので、かつて不景気で仕事に就けなかった人の負の効果が永続することである。つまり、氷河期世代のために正規就業に就くことができなかった世代は、正規就業に就くことで得られたはずのスキルを身につけられなかったために、人手不足の時代になっても、必要な人材として採用されずに、彼ら世代の低所得が永続化する傾向にあるとする。このことも日本的雇用慣行の1つである、新卒一括採用の問題点としてしばしば指摘される。ただし、新卒一括採用をやめて、職務による採用を行う場合、逆にスキルのない新卒にとって不利になる可能性がある。この点はまた後で触れたい。

世代効果を検証した論文として、太田・玄田・近藤（2007）、Kondo（2007）、Genda, Kondo, and Ohta（2010）が存在する。Kondo（2007）では操作変数プロビットという手法を用いて、観察されない労働者の質などを考慮しても初職の負の効果が永続することを実証しており、Genda, Kondo, and Ohta（2010）は日米比較を行い、アメリカでは不況期に卒業した世代の負の効果は永続しないが、日本の場合は負の効果が永続することを実証している。さらに、Bell, Bindler, and Machin（2018）はアメリカとイギリスのデータを用いて、世代効果と失業率が上昇すると犯罪率を上昇させる効果を合わせて分析することで、若年者が学校卒業時点で不況に直面すると、その世代の犯罪率が上昇し、その負の効果が持続することを明らかにしている。

第2に、高齢者就業や女性の就業を促進するためには**日本的雇用慣行**が支障になる面がある。一般に、日本的雇用慣行とは、**終身雇用制度（長期雇用慣行）、年功序列型賃金、企業別組合**から構成されるとされ、株式の相互持合いによって株主からの干渉を押さえて、長期安定的な労使関係の構築を目指した制度である[2]。1980年代には日本的雇用慣行は株主からの配当要求を抑えて、長期的な視点に立った企業経営が可能になり、また安定的な労使関係を築くことによって、日本企業の高いパフォーマンスをあげることを可能にしたと称賛された。しかし、90年代以降は日本企業の生産性の低さの原因であり、さらに日本的雇用慣行は大企業正社員男性を中心にした制度であり、男性は仕事で女性は家庭で働いた

2）ただし、小池（2005）では終身雇用制度や年功序列型賃金は諸外国でも観察され、むしろ日本の特徴として、「遅い昇進」や「ブルーカラーのホワイトカラー化」を挙げる。

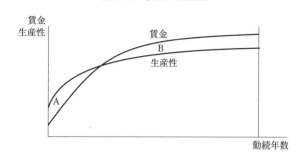

図10-2　賃金と生産性

としてもパートやアルバイトとして家計を支えるという慣行を前提にしていると
いう批判がなされるようになってきた。例えば、山口（2017）では、日本的雇用
慣行は合理的な一連の制度の選択ででき上ったが、外的条件の変換の中でその均
衡の劣位性が顕著になっても、より合理的な制度への変換ができなくなっている
とする。

　このような日本的雇用慣行に対する批判があることに加えて、さらに女性や高
齢者の就業促進と日本的雇用慣行とは相性が悪い側面があるという問題もあり、
日本的雇用慣行を修正すべきという意見が強くなっている。このことが近年の働
き方改革の動きの背景にある。そこで、はじめに年功序列型賃金、終身雇用制
度、**定年制度**が相互補完的関係にあることを示す。そのうえで、高齢者の就業や
ワークライフバランスを促進するうえでこれらの制度が支障になる可能性がある
ことを示す。

　定年制度については、Lazear（1979）が理論的にその意義を論証している。**図
10-2**は横軸を勤続年数、縦軸を賃金と生産性とする。生産性も賃金も勤続年数
が長くなるにつれて上昇する。しかしながら、勤続年数が短い場合は「生産性＞
賃金」となり、その総和はAとなる。勤続年数が長くなると、逆転して「生産性
＜賃金」となり、総和はBとなる。A＝Bとなる時点で定年が決まる。直観的
に説明すると、賃金の一部を後払いにすることで、長期間勤続した方が得になる
ように制度を設計することで従業員の定着を図る。言い換えると、年功序列型賃
金は賃金を後払いにすることで離職率を抑える機能があるが、定年制によって一
定の期間で雇用契約を区切ることで、総賃金と総生産性の総和を一致させる必要
がある。この意味で、年功序列型賃金と定年制には補完性がある。

また、年功序列型賃金の場合、生産性が賃金より低くなった時点では、いままで経営者が労働者から賃金以上の生産性を享受していた利得を労働者に対して、労働者の生産性以上の賃金を支払うことによって報いる必要がある。しかし、仮に経営者が労働者をリストラすると、今まで経営者が得た利得を労働者に還元しないで済む。このような行動を契約理論では**機会主義的行動**と呼ぶ。このような経営者の機会主義的行動を防ぐためには、経営者が長期的に雇用を保証することが前提となる。つまり、終身雇用制度、年功序列型賃金、定年制は相互補完的関係がある。

　日本的雇用慣行が現在どの程度残っているかを検証した実証研究として、Ono（2010）や Kambayashi and Kato（2017）が存在する。Ono（2010）によれば、終身雇用制度は日本の労働者の20％程度をカバーし、一般的とまでは言えないが、他の先進国と比較すると雇用の流動性は低いとする。90年代の不況期には50〜59歳の平均勤続年数は上昇したが、30〜39歳の平均勤続年数は低下したとする。また、Kambayashi and Kato（2017）も1982〜2007年の5年ごとの長期データで日米の10年間同一企業在籍割合の推移を計測している。この結果、勤続年数5年以上の大卒男性は米国では在籍率が低下しているが、日本では30〜44歳の層では10年間在職率はバブル崩壊前後で全く変わらないとする。一方、勤続年数5年未満の在職率は低下し、女性は男性よりも失業する確率が高いとする。これらは、終身雇用制度が勤続年数5年以上とか大卒男性の30〜44歳層には残っているが、女性や20歳代は終身雇用制度が保障されにくくなり、置換効果の可能性を示唆する。なお、日本語で書かれた文献としては、神林（2017）が存在する。

10.3　日本的雇用慣行と職務

　先ほど述べたように、年功序列型賃金、終身雇用制度が定年制と相互補完的関係があるなかで、定年延長や定年の廃止が求められる場合、成果や職務に基づいた賃金制度を採り入れるといった制度改革が必要になり、日本的雇用慣行との両立が問題となる。『令和元年 経済財政白書』では、少子高齢化による労働力不足に対して、女性、高齢者、外国人材、限定正社員など多様な人材の活用を促進することで生産性の向上が必要であるとする。そのうえで、多様な人材の登用を促進するためには、同質性・年功を基準とした人事管理を行う日本的雇用慣行が制

約になるとする。安倍政権が推進する**働き方改革**とは日本的雇用慣行を見直す方向による改革である。働き方改革の柱は①長時間労働の是正、②正規就業と非正規就業の格差を是正し、同じ仕事であれば同じ賃金を支払うこと（＝**同一労働同一賃金**）、③高齢者の就業促進である。

確かに従来の日本企業の雇用慣行では職務という概念が曖昧であることが以下のような問題を生み出していた。第1に、長時間残業の温床となり、ワークライフバランスの観点からも問題であった。第2に、昇進のために長時間残業が暗黙の裡に求められていることが女性の就業継続や昇進の妨げになっていた。第3に、職務の限定がなく、雇用主に従業員の配属先や仕事内容の設定に対する裁量権を大幅に認めていることは、昇進するためには従業員の意向にかかわらず転勤を受け入れる必要があるといった点で、女性の就業継続に不利であった。実際に子どもの保育園への送迎に支障が出ることを理由にして異動命令に従わない従業員の解雇を認めた最高裁判所の判例が存在する[3]。第4に、職務が曖昧であることから同じような仕事をしていても正規職員と非正規職員の賃金格差は非常に大きかった。

これらの問題点の背景に日本的雇用慣行があったのは事実である。『令和元年経済財政白書』では、企業が65歳以上の雇用促進に対して、どのような制度を必要と考えているかというアンケートに対して、柔軟な働き方と職務の明確化を挙げている。いいかえると、少子高齢化で高齢者の就業促進が更に求められる現状で、職務が明確でなくゼネラリスト型を中心に育成してきた日本的雇用慣行が従来とは異なり、デメリットがメリットを上回るようになったと多くの企業が考えていることを意味する。かつては、色々な職場を経験することで従業員の能力を形成することが企業の強みとなったが、グローバル化が進展して身につけた技術が陳腐化しやすくなった現在では、年功序列型賃金によって従業員に技能形成をすることのメリットが薄くなった。つまり、企業を取り巻く環境が変化することで、日本の雇用慣行が持っていた強みがなくなりつつあり、逆に日本的雇用慣行の欠点が目立つようになってきた。

一方、職務の限定がなかったことは、使用者側が雇用調整を柔軟に行うことを可能にした。このことは、使用者側のみの利益であったわけではない。そもそ

3）ケンウッド事件。最3小判平成12年1月28日。

も、「労働費用＝時間当たりの賃金×労働時間×従業員数」である。ミクロ経済学の生産者理論が示すように、生産量（売上量）が低下すると、企業は財の生産量の減少に合わせて労働費用を調整する。財の生産量の減少に対応して労働費用を削るためには時間当たりの賃金、労働時間、従業員数のいずれかを調整する必要がある。日本的雇用慣行の下では、従業員、特に正規従業員のリストラといった正規従業員数の調整は最終手段であると考え、時間当たりの賃金や労働時間を切り詰めることや非正規就業を雇用の調整弁として用いることで、正規就業者の雇用確保を模索する傾向があった[4]。

　山本（2010）は縦軸に名目賃金変化率、横軸に失業率を取った**フィリップスカーブ**の形状を分析することで、企業がどのように労働費用を調整しているのかを分析する。例えば、フィリップスカーブが垂直に近いということは名目賃金が大きく変化するのに対して失業率はほとんど変化していないことを意味するので、名目賃金による調整が行われていることを示唆し、逆に水平に近いと名目賃金による調整ではなく、雇用量による調整が行われているといえる。この論文では、80年までの日本の労働市場では、名目賃金の調整能力が比較的高く、名目賃金変動が経済ショックを吸収する役割を果たしていたが、90年代にはインフレ率が低下して、**名目賃金の下方硬直性**もあり名目賃金の伸縮的な調整ができずに雇用調整圧力が生じた。このため、フィリップスカーブが水平になったとする。フィリップスカーブが水平になるということは、名目賃金の下落に対して、失業率を上昇させる効果が大きくなったことを意味する。

　このように、インフレのときには名目賃金の調整がスムーズに行われたうえに、景気が良いときは長時間の残業を従業員に求めることで雇用者数の急増を抑える代わりに、景気が悪くなると残業を削ることで雇用者の調整を抑えていた。つまり、残業を労働力のバッファーとして活用していた。加えて、仮に従業員数の調整を行う場合も整理解雇ではなく、職種や仕事場の配置転換などでの対応を優先してきた。

　また、日本の最高裁判所の判例では、整理解雇を実施するに際して厳格な手続きを要求している。この手続きは**整理解雇の四要件**と言われ、整理解雇を実施するためには人員削減の必要性、解雇回避努力、人選の合理性、手続の相当性が必

4）村松（1986）は二期連続の赤字によって解雇が生じることを実証している。

要となる。つまり、濱口（2014）も指摘しているように、最高裁判所は配置転換における使用者の裁量を認める一方、整理解雇に関しては使用者の裁量権を厳しく審査しているとする。

10.4 働き方改革の日本的雇用慣行に対する影響

このことは、逆に言うと、職務が限定された仕事の場合、会社の経営状況により職務が不要になることを理由とした解雇が行われやすくなる可能性が高い。例えば欧米社会では、職務が明確であり職務に関連しない残業を求められることはない。一方、職務がなくなると仕事を失う。つまり、職務を基礎にした雇用の場合は職務にない仕事をする義務はなく、自分の職務に無関係な同僚の仕事などを手伝う必要はないため、残業時間は減る可能性がある。一方で、自分の職務が失われることによる解雇も行われやすくなる点は注意すべきである。

さらに、職務に基づく雇用慣行を採用することは、若年者の雇用やひいては教育制度も大きく変化させることが予想される。現在の新卒市場は、先ほども述べたとおり、新卒一括採用が一般的であり、新卒者は潜在能力のみを期待されており専門的な知識や能力を期待されているわけではない。応募者も会社に入ることを目的としており、特定の仕事に応募するという意識はあまりない。これに対して、職務を基本にした採用の場合は、職務に空きがある場合に随時、応募する形になる。このため、新卒一括採用という慣行は変化していく可能性が高い。新卒一括採用が世代効果などの問題を引き起こす一因となるので、この意味では良いようにみえるが、新卒者は職歴のある経験者と比較すると、職務適合性で見劣りするのは間違いない。職務に応じた採用をという雇用慣行に移行することは、新卒者に不利に作用すると考えられる。**図10-3** が示すように、日本は若年者失業率が他の先進国などと比較して、一貫して低い。この要因の一つとして、企業は新卒者の潜在能力を評価し、企業内のトレーニングによって技能を蓄積させたらよいと考え、職務に基づいた採用でないことが挙げられる。

加えて、職務に基づいた採用が一般化すると、教育制度も変化を余儀なくされ、今まで以上にキャリアと直接的に関係させる形での教育が求められる。職務に基づいた採用が根付いているドイツでは、中等教育段階で既に職業学校に通うか大学に行くことを目的としたギムナジウムに通うかという選択に直面する。こ

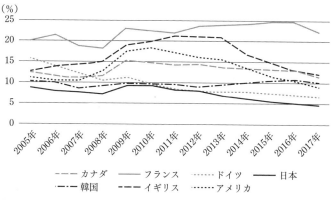

図10-3　15-24歳失業率の国際比較

（出所）OECD Factbook 2018

のように、働き方改革は若年者雇用や教育システムにまで波及する可能性が高
く、波及的な影響を含めて長所と短所を見極める必要があると考えられる。

　10章では高齢者の就業促進を通じた労働力成長率を向上させる政策について取
り上げた。日本では高齢者の就業率は高く、また就業意欲も強いことを示した。
さらに、3章でも説明したように、高齢者の平均寿命の延びを考慮するとかつて
の65歳をいまの65歳と同じと判断する必要はない。高齢化率は上昇することは避
けられないものの、高齢者の就業促進によって、労働力率の低下を防ぐことが可
能であることを示した。

　一方、高齢者就業と日本的雇用慣行の両立可能性が問題となる。日本的雇用慣
行は安定的な労使関係を形成することにつながり、企業側、労働者側の双方にメ
リットが存在した。しかしながら、高齢化だけでなく、グローバル化などによっ
て日本的雇用慣行のメリットがかつてほどは存在しなくなった。このことは安倍
政権が試みている「働き方改革」の背景にある。しかしながら、日本的雇用慣行
にも依然として一定の合理性は存在し、女性や高齢者就業の促進と日本的雇用慣
行との両立が必要となることを論じた。例えば、9章で取り上げた脇坂（2018）
は「遅い昇進」が一般的には女性の管理職登用率を下げるが、子どもがいる女性
に限ると勤務先の昇進が遅いことは企業で人材を育成し、見せかけでない能力を
見極めることで、女性の昇進に有利になるとする。この結果は、日本的雇用慣行
と女性の活躍が両立しうることを示唆する。

第11章

教育投資による人的資本蓄積
少子高齢化社会における政策 3

　9章と10章では女性と高齢者の就業促進について説明した。11章では教育投資による人的資本の蓄積による生産性を向上させる[1]政策について述べたい。はじめに教育投資の収益率を計測した研究を紹介する。つまり、教育投資の効果は本人に帰せられるだけでなく、**正の外部性**が存在し教育を受けた人以外にもプラスの効果があることを教育の私的収益率や社会的収益率を計測した研究を紹介することによって示す。特に日本のように災害が多い国では、教育や知的財産に対する投資が重要になることを説明する。一方、日本の教育投資は先進国と比較して少ない。これに対して、教育投資に占める公費の少なさを私費で埋めているという反論もある。この反論の問題点を明らかにすることを通じて、教育投資の社会的意義を説明する。最後に、教育投資が過少になる要因として、政治過程に注目した**プレストン（Preston）効果**を取り上げたうえで、この効果を防ぐ方法として、**ドメイン（Demeny）式投票**[2]を説明する。

11.1　教育投資が経済成長に与えるメカニズム

　7章でも述べたように、資本蓄積は労働力や技術進歩と並んで経済成長率を決める1つの要因である。ただし、資本には機械などの物的資本だけでなく人的資本も重要であり、近年は特に人的資本の重要性が注目されるようになった。人的

　1）経済成長を決定する要因である資本、労働、技術のうち、資本を物的資本に限定すると人的資本は生産性の一部になる。一方、人的資本を資本とみなすと、資本の一部になる。

　2）デーメニ式投票ともいわれる。

資本と経済成長の関係を理論的に示した先駆的研究としては Lucus（1988）が存在し、Mankiw, Romer, and Weil（1992）では労働力人口に占める中学卒業者以上の割合を人的資本の代理変数として、人的資本の高さが経済成長の決定要因であることを実証している。そこで、少子高齢化が今後も進展することが予測される日本では、教育投資を行うことによって、人的資本を蓄積し、生産性を上昇させる必要がある。さらに、Weil（2008）はクロスカントリーデータを用いて、人的資本の蓄積の代理変数として通学年数を用い、一国の平均通学年数と一人当たり所得水準の関係は極めて強く、人的資本の国ごとの違いによって一人当たり所得水準の国ごとの違いをある程度説明できるとする。

　さらに、日本のように災害が多い国では特に人的資本に対する投資が重要になる。近年でも2011年の東日本大震災、2016年の熊本地震といった地震大国であるだけでなく、2018年は福井県の豪雪に始まり、大阪や北海道などでの地震、数多くの台風による豪雨などの災害に見舞われた。続いて、2019年も何度かの台風が日本各地に多くの被害をもたらした。自然災害と中長期的な潜在成長率に関しては必ずしも明確な関係がみられない。「平成23年度 経済財政白書」では、仮に過去の災害が全体として成長にマイナスに働いたとしても、プラスになるメカニズムに着目してその力を増幅するような環境整備をすべきであると述べている。

　そのうえで、「平成23年度 経済財政白書」では、災害の負の効果を抑制する2つのメカニズムを指摘する。第1に、資本ストックの再建の際の新技術の採用である。第2に、人的資本を含む「無形財産」への投資拡大である。物的資本と比較して、人的資本や無形財産（商標権、特許、アイデアなど）は災害に強い。物的資本は災害で毀損すればそれまでであるが、人間は死亡すれば別だが怪我をしても回復すれば、同じように付加価値を生み出すことができる。また、物的資本よりは相対的に災害を避けることも可能である。災害が多い国における無形財産の重要性を指摘した研究として Leiter, et al.（2009）がある。つまり、日本のように災害が多い国では、知的財産や教育による人的資本の形成を行うことで、災害が起こっても経済への負の影響を抑えるようにすることが重要である。

　しかしながら、現在の日本では GDP に占める教育支出が先進国の中でも低い。**図11-1** は GDP に占める初等中等教育に対する公的な教育支出割合を示したものである。この図から日本の支出割合はリトアニア、チェコに次いで低い。これに対しては、2つの反論が考えられる。1つは日本では出生率が低いために

図11-1　GDPに占める初等中等教育に対する公的・私的支出割合

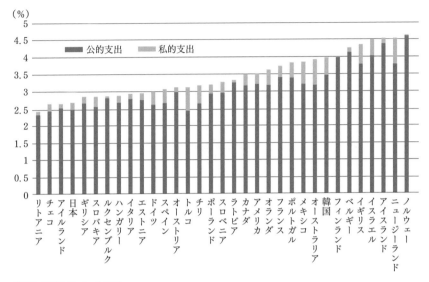

（出所）OECD Factbook 2018
（注）Primary to post-secondary non-tertiary, % of GDP, 2015年

子どもに対する公的支出が少なくなるというものである。この反論に対して、韓
国は日本よりもはるかに合計出生率は低いが、初等、中等教育に対する公的支出
割合は高いという事実がある。もう1つは、日本は教育熱心であるために、公的
な教育支出が低くても私的な教育支出によって補われており、十分な教育が行わ
れているという反論である。

11.2　教育に対する公的支出の意義

　この反論には4つの問題がある。第1に、私的な教育支出を含めたとしても図
11-1が示すように、GDPに占める割合はリトアニア、チェコ、アイルランドに
次いで低い。第2に、家計の教育負担の高さが出生率の低下につながっている。
図11-2は理想子ども数と予定子ども数[3]の年次推移を示したもので、**表11-1**は
理想子ども数に予定子ども数が到達していない理由を示したものである。理想子
ども数は1977年から1992年までほとんど変化がなく2.6辺りを推移していた。し

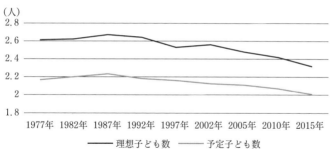

図11-2　理想子ども数と予定子ども数の年次推移

（出所）国立社会保障・人口問題研究所（2015）『第15回出生動向基本調査』

かしながら、1992年以降は徐々に低下して、2015年には2.3人となった。また、予定子ども数に関しても1977年から1992年までは2.2前後で安定的に推移していたが、それ以降は低下傾向を示し、2015年には2.01となった。また、表11-1では妻の年齢別にみた、理想の子ども数を持たない理由を示している。すべての年齢層で最も大きな理由は、「子育てや教育にお金がかかりすぎるから」を挙げており、特に39歳までの理由の大部分を占める。つまり、子育て費用が高いことによって、子どもが欲しくても持てないといえる。

　これに対しても、これらの回答はあくまでも理想や予定といった主観的な変数であり、表明された意見と実際の行動が一致するとは限らないという反論も考えられる。そこで、表明された欲しい子ども数（＝Fertility Intention[4]）である理想、希望、予定子ども数などが実際のその後の出産行動にどの程度関連があるのかについて分析した研究を紹介したい。出産意欲と出産行動の関係を分析した先駆的業績としては、Westoff and Ryder（1977）が存在する。この論文では、個人の追跡調査である個票パネルデータを用いて、1970年の予定子ども数は実際の子ども数よりも高いことを示した。個人の追跡調査で出産意欲と出産行動の分析を

3）理想子ども数は「あなた方ご夫婦にとって理想的な子どもの数は何人ですか」という質問に対する回答した子ども数の平均である。予定子ども数＝追加予定子ども数＋現在の子ども数であり、追加予定子ども数は「あなた方ご夫婦の今後のお子さんの予定についておたずねします。（1）お子さんの数と、（2）希望の時期について、あてはまる番号に○をつけてください」に対する回答の平均値である。

4）出産意欲とか出生意図と訳される。

表11-1　妻の年齢別にみた、理想の子ども数を持たない理由　　　　　　　（％）

妻の年齢	(客体数)	経済的理由			年齢・身体的理由			育児負担	夫に関する理由			その他	
		子育てや教育にお金がかかりすぎるから	自分の仕事（勤めや家業）に差し支えるから	家が狭いから	高年齢で生むのはいやだから	欲しいけれどもできないから	健康上の理由から	これ以上、育児の心理的、肉体的負担に耐えられないから	夫の家事・育児への協力が得られないから	一番末の子が夫の定年退職までに成人してほ	夫が望まないから	子どもがのびのび育つ社会環境ではないから	自分や夫婦の生活を大切にしたいから
30歳未満	(51)	76.5	17.6	17.6	5.9	5.9	5.9	15.7	11.0	2.0	7.8	3.9	9.8
30～34歳	(133)	81.2	24.8	18.0	18.8	10.5	15.8	22.6	12.0	7.5	9.0	9.0	12.0
35～39歳	(282)	64.9	20.2	15.2	35.5	19.1	16.0	24.5	8.5	6.0	9.9	7.4	8.9
40～49歳	(787)	47.6	11.7	8.3	47.1	28.5	17.4	14.4	10.0	8.0	7.4	6.1	3.6
総数	(1,253)	56.3	15.2	11.3	39.8	23.5	16.4	17.6	10.0	7.3	8.1	6.0	5.9

（出所）国立社会保障・人口問題研究所（2015）『第15回出生動向基本調査』
（注）対象は予定子ども数が理想子ども数を下回る初婚どうしの夫婦。理想・予定子ども数の差の理由不詳を含まない選択率。複数回答のため合計値は100％を超える。

している海外の代表的な研究の一例として Schoen, et al.（1999）や Morgan and Rackin（2010）があり、日本では松浦（2009）、山口（2009）などが存在する。これらの研究では、出産意欲は出産行動に密接に関連しており、出産意欲の分析が出生率の改善のための政策分析に有意義であることを示唆している。

　第3に、教育支出を公費でなく、私費に依存することは教育支出が可能な家計とそうでない家計での格差をもたらし、格差の再生産につながる懸念がある。教育を通じた格差の再生産に関しては教育社会学の分野で先行研究の蓄積があり、経済学でも近年は研究が進んでいる。経済学の分野における、近年の世代間格差については Black and Devereux（2011）が教育を通じた経路を含めて、包括的にサーベイを行っている。Jäntti, et al.（2006）では所得の世代間移転を計測するために、以下の式を推定し、各国比較をしている。

$$\log(Y_1) = \alpha + \beta \log(Y_0) + \varepsilon$$

Y_0 は親の所得であり、Y_1 は子どもの所得である。β は親の所得に対する子どもの所得の弾性値であり、親の所得が1％高いと、子どもの所得が何％高くなるかを意味する。β の値が高いほど、所得の世代間移転は強いことを意味する。この論文では、各国の世代間の所得の弾性値を計測し、デンマーク、フィンランド、ノルウェー、スウェーデンと比較して、イギリスやアメリカでは世代間の所得移転が強く行われていることを示している。Björklund, et al. (2006) はスウェーデンのデータを用いて、教育や所得の世代間移転を検証し、学歴や所得の世代間移転を確認したうえで、生物学的な母親は育ての母親よりも学歴への効果が大きく、生物学的な父親よりも育て父親の方が子どもの所得に対する効果は大きいことを示した。さらに、ヘックマン（2015）は幼児教育のその後の学歴や就職などのライフコースに与える影響の大きさを強調している。また、言語や数学といった認知能力だけでなく、肉体的・精神的健康、根気強さ、意欲、自信といった非認知要素の重要性を強調したうえで、認知能力や非認知能力の発達のために、幼少期の政策介入の必要性を主張する[5]。つまり、教育投資、特に初期時点での公的教育支出は格差の再生産を防ぐだけでなく、子どもの成長に大きく貢献することが示された。

　第4に、教育投資には正の外部性があり、教育支出は将来の本人の収入増加につながるなどといった本人のメリットになる（＝**私的収益**）だけでなく、教育を受けた当人以外にも効果が波及する（＝**社会的収益**）と言われる。ミクロ経済学の初歩で習うように、正の**外部性**が発生する場合は、市場に任せておくと財が過少にしか供給されないといった**市場の失敗**が発生する。この場合は、政府が介入することが正当化される。それでは教育の正の外部性はどのように生じるのか。第1に、教育には**ピア・エフェクト**（同僚効果）が存在する。ピア・エフェクトとは、例えば、周囲が勉強するような環境であれば、本人も周囲に影響されて勉強するといった効果である。このため、その地域（教室）の平均的教育水準の上昇が本人にもプラスに影響する。第2に、識字率の上昇によってコミュニケーションが活性化することで、新しいアイデアや技術開発が促進される。第3に、教

5）中室（2015）は教育政策の効果に関する実証分析を包括的にまとめている。

育を受けることで得られた知識を用いて生み出された新技術が周囲に模倣されることで、技術が拡散する。第4に、教育によって衛生観念の発達により、予防接種の重要性を理解することで感染症などの病気の予防が可能になる。当然ながら、感染症は本人だけでなく、周辺に対しても悪影響をもたらす負の外部性であるので、衛生観念の発達は本人だけでなく、周辺にもプラスの効果がある。第5に、公民教育の発達により、利益誘導型の政治家に騙されずに適切な民主主義が行われる。多くの人の教育水準が低く、適切な民主主義が行われない状態で行われる政治は本人だけでなく、国民全体が被害を受けるといった負の外部性がある。このように教育支出は支出した本人か、（一般には親が支出するので）教育投資を受けた子どもが便益を得るだけでなく、社会的な便益があるので、政府の支出が正当化される。

　教育投資の効果、特に外部性に注目した研究は海外、日本ともに数多く存在する。海外の教育投資の外部性の効果を検証した研究トピックとして、成績基準による奨学金の外部効果に関する研究がある。教育学者は成績基準による奨学金の効果を、①奨学金が経済的に恵まれた家庭の子どもに給付されることで格差が広がる、②金銭をインセンティブにすることで勉強に対する内発的動機付けが失われるなどと批判するが、Kremer, Miguel, and Thornton（2009）では、ケニアで実施された成績優秀な女子に対する奨学金給付のプログラムの効果を分析している。ここでは、**ランダム化比較試験**という方法を用いている。ここでは、第6学年の上位15%の女子に奨学金を出す実験の効果を検証している。その結果、女子の成績だけでなく、教員の出勤率や男子の成績への波及効果もあることを実証した。波及効果が生じる理由として、奨学金を得たい親が教員の行動をモニタリングすることなどが考えられるとする[6]。

　近年、発展途上国を対象に、ランダム化比較試験の手法を用いて、教育、公衆衛生、ファイナンスなどの効果を分析した研究が急速に進展している。バナジー・デュフロ（2012）はそれらの研究成果をまとめている。また、教育投資の私

6）ただし、この結果を根拠に、日本における成績による給付奨学金の効果を論じることは慎重にすべきである。その理由は、日本では親が教員をモニタリングすることで教員の質が上昇する効果は考えにくいためである。実証結果を一般的に適用するためには、いわゆる外的妥当性の問題をクリアする必要がある。

的収益率や社会的収益率を計算した日本の最近の研究として、Kambayashi, et al. (2008)、島（2014）、矢野（2015）、北條（2018）などがある。例えば、矢野（2015）は私的収益率1975〜95年の大学進学の収益率はほぼ一定であるが、95年以降は大学進学の収益率が上昇していることを示したうえで、この傾向は日本だけでなく国際的なトレンドであるとする。この要因として、**スキル偏向的技術進歩**によって、高学歴者に対する労働需要の増加があるとする。スキル偏向的技術進歩とはコンピューターやIT（情報技術）が生産性を向上させるとともに、それらの技能を活用できるスキルのある労働需要が増加しているという仮説である。さらに、矢野（2015）では社会的収益率が私的収益率よりも高いために正の外部性が発生しているとする。

11.3 プレストン効果とドメイン式投票

このように社会的に有益であるはずの公教育費がなぜ日本では少ないのか。これに対して、中澤（2014）はどのような属性の人が教育費支出を増やすことを支持するかに関する実証分析をしている。年齢ダミーは有意でないものの中卒ダミーは負に有意となっていることから[7]、低学歴者は教育支出に対して否定的な意見であるとする。この論文ではこのような解釈はしていないが、中卒者は高年齢層に偏りが多いため、年齢効果の一部を反映している可能性がある。ただし、教育は政府の責任かという質問に対しては、年齢が高くなるほど政府の責任であると回答する傾向にある[8]。

高齢化が進展すると教育支出が少なくなるメカニズムを政治プロセスから分析した研究として、Preston（1984）が存在する。この論文では、高齢化が進展すると政治家は当選するために高齢者の意向に沿うような政策を行う傾向があるとする。また、高齢者は自分にとって直接的に関係する医療や年金を充実させる政策を好み、直接的には関係のない教育支出や子どもに対する社会保障に関する政策

---

7) 中澤（2014）pp.181-182参照。
8) 中澤（2014）pp.302-303参照。ただし、教育が政府の責任か家庭の責任かという質問に対して、回答者は財源ではなく、教育内容を政府が責任をもって決定すべきという意識で回答していた可能性は十分に考えられる。

を好まない。このため、高齢化が進展すると教育などの若年層に向けた政策が実現されにくくなるとする。このような効果を**プレストン（Preston）効果**という。例えば、Ohtake and Sano（2010）は都道府県別パネルデータを用いて、固定効果を考慮しても高齢化率の上昇は一人当たりの教育支出を減らすことを実証する[9]。

　プレストン効果による予算配分の世代間格差の問題を抑制する方法として、Demeny（1986）では子どもを持つ親に投票権を与えることで、世代構成による財政配分の世代間格差を抑える方法を提唱している。日本では青木（2012）がドメイン式投票を論じている。また、井堀（1999）は年齢別選挙区制度を提唱する。

　9章、10章では女性や高齢者の就業促進を通じた労働力率の上昇を論じたのに対して、11章では人的資本投資による生産性の上昇に注目した。機械などの物的資本に比べて人的資本は災害に強く、災害の多い日本において人的資本投資は特に重要である。しかしながら、日本において公的な教育投資のGDPに占める比率は低い。確かに私的な教育投資は多いものの、私的な教育投資の限界として、11章では3つ挙げた。第1に、私的な教育費負担の高さが出生率の低下につながっている。第2に、私的な教育費に関しては家計ごとの格差が大きく、機会の平等の観点から問題である。第3に、教育投資には正の外部性が存在するため、市場に任せると過小な投資になる。また、教育投資が過少になるメカニズムとして、政治過程に注目したプレストン効果を取り上げ、その対策としてドメイン式投票を紹介した。

9）年齢別ではないが、子どもが生まれることで投票行動の変化を分析した研究として、Oswald and Powdthavee（2010）が存在する。この論文では、イギリスのデータを用い、生まれる子どもの性別は外生的に決定される（＝個人の選択による影響はない）ことを利用して、女の子が生まれると保守党ではなく、女性の権利に相対的に寛大な政党である労働党や自由民主党に投票することを実証した。

第 4 部

少子高齢化と社会保障

第12章

少子高齢化と格差・貧困

　第4部では、少子高齢化が格差や貧困に与える効果について取り上げたい。1990年代以降、少子高齢化問題とともに格差や貧困問題が注目されるようになってきた。そこで、12章では第1に、少子高齢化や人口減少が格差や貧困に与える影響を考察するために、ピケティのモデルを取り上げて、人口減少や経済成長率が低下すると資本分配率が上昇し、格差が拡大することを説明する。第2に、格差の指標である**ジニ係数**や貧困の指標である**相対的貧困率**について解説する。第3に、近代日本の格差の推移を先行研究に基づいて明らかにする。

　戦後、高度成長期を経た日本は「**一億総中流**」と呼ばれるように平等な社会であると考えられていた。しかしながら、90年代以降、一億総中流は幻想であり、格差が広がりつつあることが経済学者や社会学者から指摘されるようになってきた。例えば、橘木（1998）は80年代から急激に格差拡大し、アメリカを含めた先進国の中で最も格差が大きいことを示した。また、佐藤（2000）は**SSM調査**[1)]を用いて階層の固定化が進んでいることを示した。大竹（2005）では人口高齢化が経済全体の不平等化をある程度説明できるとした。橘木はそれを認めつつも、高齢者間の格差を問題視した。さらに、2000年代に入ると、格差拡大だけでなく、貧困問題にも注目が集まるようになった。例えば、橘木・浦川（2006）は『所得再分配調査』などの個票データを用い、様々な貧困指標を用いつつ日本の貧困化が進んでいることや、生活保護や最低賃金の役割なども分析している。この本では生活保護が高齢者世帯を中心に機能していることを明らかにしている。このよ

1）「社会階層と社会移動全国調査」といい、1955年から10年に1度、主に社会学者によって行われる大規模な社会調査である。

うに、人口高齢化という人口問題が格差や貧困と密接に関連していることがわかる。

12.1 格差拡大に関するピケティによる理論的説明

　さらに、格差拡大は世界的な問題として注目されてきている。例えば、Piketty（2013）は**所得不平等に関するクズネッツの逆U字曲線**[2]を批判する。クズネッツの逆U字曲線とは、初期段階は経済成長するにつれて不平等が拡大するが、経済成長がある段階に達すると経済成長するにつれて格差が縮小するという、横軸に一人当たり国民所得、縦軸に不平等の指数を取ると逆U字型をしていることを Kuznets（1955）が示したことに由来する。ピケティ（Piketty）はクズネッツの逆U字型は第二次世界大戦がもたらした一時的なものであり、基本的な構造として、**r（利子率）$>g$（成長率）**が成立することで、格差が拡大するとしている。言い換えると、ピケティは経済全体の成長率 g よりも資本の収益率 r の方が高いことから、格差拡大が必然的であると主張する。また、ピケティは人口が減少し経済成長率が低下すると、資本分配率 α は上昇することを以下で説明する資本主義の第一法則、第二法則から理論的に示している。

　資本主義の第一法則とは以下の式である。

$$\alpha（資本分配率）= r（利子率）\times \beta（= K/Y = 資本係数） \tag{12.1}$$

（12.1）式は定義式から、以下のように導かれるために常に成立する。

$$\underset{（国民所得）}{Y} = \underset{（利子率）}{r} \times \underset{（資本）}{K} + \underset{（賃金）}{w} \times \underset{（労働）}{L} \tag{12.2}$$

（12.2）式は生み出された付加価値は利子という形で資本の持主に配分されるか、賃金という形で労働者に分配されることを示している。この式を国民所得 Y で割ると、

$$1 = \frac{rK}{Y} + \frac{wL}{Y} \tag{12.3}$$

2）横軸に経済発展段階、縦軸に環境汚染の程度にして逆U字型を示したものを、環境クズネッツ曲線という。

となり、1＝資本分配率＋労働分配率となる。このため、$\alpha = \dfrac{rK}{Y}$ となることから、$\alpha = r\dfrac{K}{Y}$ となり、$\alpha = r \times \beta$ が示される。また、資本主義の第二法則は以下の式である。

$$\beta = \frac{s(\text{貯蓄率})}{g(\text{成長率})} \qquad (12.4)$$

$s = S/Y$ であり、$g = \Delta Y/Y$ である。第二法則は以下のように導かれる。

$$\frac{s}{g} = \frac{S/Y}{\Delta Y/Y} = \frac{S}{\Delta Y} \qquad (12.5)$$

$S = I = \Delta K$ より、

$$\frac{s}{g} = \frac{\Delta K}{\Delta Y} \qquad (12.6)$$

極限をとると、

$$\lim_{\Delta \to \infty} \frac{\Delta K}{\Delta Y} = \frac{K}{Y} = \beta \qquad (12.7)$$

となって、成立する。つまり、以下の2つの式が成り立つ。

$$\alpha = r\beta \qquad \text{資本主義の第一法則}$$

$$\beta = \frac{s}{g} \qquad \text{資本主義の第二法則}$$

この2つの式からピケティは人口減少によって経済成長率が低下すると、資本分配率が上昇することを示す。人口減少は成長会計で示されるように、経済成長率を低下させる（＝g の低下）。g の低下（＝$g\downarrow\downarrow$）は資本主義第二法則より β を上昇（＝$\beta\uparrow\uparrow$）させる。資本係数 β（＝K/Y）が高くなることは資本が多くなることで、資本の価値である r を低下（＝$r\downarrow$）させる。しかし、r の低下（＝$r\downarrow$）は β の上昇の効果（＝$\beta\uparrow\uparrow$）よりも小さいので、資本主義第一法則から α である資本分配率を上昇（＝$\alpha\uparrow$）させる。また、g の低下（＝$g\downarrow\downarrow$）は r の低下（＝$r\downarrow$）よりも大きいので、$r > g$ が成り立っている。つまり、人口が

減少して経済成長率が低下すると、資本分配率が上昇してさらに格差が拡大することが分かる。

　さらに、ピケティは国民を３つの階層に分けて、それらの階層の推移を実証的に分析している。３つの階層とは、(a) 上位 (10%)、(b) 中位 (40%)、(c) 下位 (50%) である。また、上位を１％と９％に分けて分析する。ピケティの特徴は理論的な新しさではなく、緻密な実証にある。そのうえで、資本所有の格差が大きいことを実証している。例えば、2010年代初頭のフランス、ドイツ、イギリス、イタリアでは最も富裕な10%が国富の60%を所有している。アメリカに至ってはトップ十分位がすべての富の72%を所有し、最下層50%はわずか２％しか所有していない。

12.2　ローレンツ曲線とジニ係数

　ピケティのような３つの階層の区分は、上位層の富の独占を明らかにする長所があるものの、最下層を50%とすることは中間層の分析は見落としがちになり、貧困の分析には当然適さない。そこで、格差を測定する最も一般的なジニ係数の測定方法について説明したうえで、貧困分析の指標である絶対的貧困と相対的貧困の指標を取り上げる。

　はじめにジニ係数について説明したい。仮想的A国では a、b、c さんが存在し、それぞれの所得が $a = 10, b = 20, c = 70$ である３人だとする。横軸に人の累積割合を取り、縦軸に所得の累積割合を取る。異なった人数から構成される集団ではなく、個人データの場合は全ての個人を１人と数えるので、総数が n 人であれば $1/n$ ずつ計算する。今回は３人なので、x 軸は $1/3$ ずつ足していく。一方、縦軸は所得の低い人から順番に所得を足していく。今回のケースでは総所得は $10+20+70 = 100$ であり、最も低い a さんの所得の累積所得割合は $10/100$、次に低い b さんと a さんの累積所得割合は $10/100+20/100 = 30/100$ となり、最も高い c さんを含めた累積所得割合は $10/100 + 20/100+70/100$ となる。つまり、全てのケースで累積の合計は１になるので、原点 $(X, Y) = (0, 0)$ と $(X, Y) = (1, 1)$ は必ず通る。また、今回は原点からはじまり $(X, Y) = (1/3, 1/10)$ と $(X, Y) = (2/3, 3/10)$ を通り、$(X, Y) = (1, 1)$ に至る。この線を結んだものをローレンツ曲線という。図12-1 では線分 $OJKE$ がローレンツ曲線である。

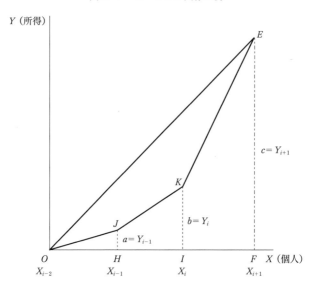

図12-1　ローレンツ曲線の例

　また、所得の低いものから順番に足していくために、ローレンツ曲線は OE よりも左上になることはない。完全に平等に所得が配分されている場合は、ローレンツ曲線は線分 OE と一致する。また、３人の場合で所得が０、０、10である場合、ローレンツ曲線は線分 $OHIE$ となる。限りなく多数の国民がいて、１人がすべての所得を得ている場合、ローレンツ曲線は線分 OFE となる。

　次にジニ係数について説明する。ジニ係数は以下の面積で求められる。

$$Gini = \frac{\text{四角形 } OEKJ}{\text{三角形 } OEF}$$

ただし、四角形 $OEKJ$ を直接的に求めるのは大変なので、三角形 OEF から三角形 OJH、台形 $HJKI$、台形 $IKEF$ を引いて求める。また、三角形 OEF は常に1/2である。このため、

$$G = \frac{\text{三角形 } OEF - (\text{三角形 } OJH + \text{台形 } HJKI + \text{台形 } IKEF)}{\text{三角形 } OEF}$$

$$G = \frac{1/2 - (\text{三角形 } OJH + \text{台形 } HJKI + \text{台形 } IKEF)}{1/2}$$

分母分子に 2 を掛けて

$$G = 1 - 2 \times (\text{三角形 } OJH + \text{台形 } HJKI + \text{台形 } IKEF)$$

$$G = 1 - 2 \times \left\{ \frac{1}{2} \times OH \times JH + \frac{1}{2} \times HI \times (JH + KI) + \frac{1}{2} \times IF \times (KI + EF) \right\}$$

三角形も台形も高さは1/3（人数が n 人の場合は $1/n$）より、$OH = HI = IF = 1/3$ であり、$JH = a, KI = b, EF = c$ より、

$$G = 1 - \left\{ \frac{1}{3} \times a + \frac{1}{3} \times (a+b) + \frac{1}{3} \times (b+c) \right\}$$

となり、仮想的 A 国のジニ係数は次のようになる。

$$G = 1 - \left\{ \frac{1}{3} \times \frac{10}{100} + \frac{1}{3} \times \left(\frac{10}{100} + \frac{30}{100} \right) + \frac{1}{3} \times \left(\frac{30}{100} + \frac{100}{100} \right) \right\} = \frac{2}{5}$$

また、原点 0 での高さ $= 0 = Y_{i-2}, a = Y_{i-1}, b = Y_i, c = Y_{i+1}, 0 = X_{i-2}, H = X_{i-1}, I = X_i, F = X_{i+1}$ とすると、以下のようになる。

$$G = 1 - \{ (X_{i-2} - X_{i-1}) \times (Y_{i-2} + Y_{i-1}) + (X_i - X_{i-1}) \times (Y_i + Y_{i-1}) + (X_{i+1} - X_i) \times (Y_{i+1} + Y_i) \}$$

$$G = 1 - \sum (X_i - X_{i-1}) \times (Y_i + Y_{i-1})$$

また、ジニ係数は以下のように表すこともできる。

$$G = \frac{1}{2n^2 \mu} \sum_{i=1}^{n} \sum_{j=1}^{n} |y_i - y_j|$$

両者の対応関係については、小塩（2013）に説明がある。

　日本のジニ係数に関しては、橘木（1998）は先進国のジニ係数を比較し、日本では1980年から1992年にかけて課税前所得と課税後所得ともに急激に上昇し、1980年後半や1990年前半をみると、日本は先進国の中で最高の不平等度を示すことを実証して大きな話題を呼んだ。**図12-2**は先進国のジニ係数の推移である。日本は2015年時点で0.339であり、アメリカ、イギリスに次いで高い。

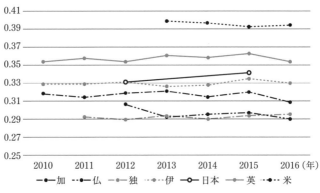

図12-2　ジニ係数の国際比較

(出所) OECD Database

12.3　絶対的貧困と相対的貧困

　次に貧困に関する指標について説明する。貧困指標として、**絶対的貧困**と**相対的貧困**という概念がある。絶対的貧困とは、必要最低限の生活水準が満たされていない状態のことをいう。世界銀行は、以前は1日1.25ドルであったが、2015年10月に国際貧困ラインを2011年の購買力平価 (PPP) に基づき、1日1.90ドルと設定した。一方、相対的貧困は、他人との比較のうえで貧困がどの程度許容されるかという問題意識から始まっている。個人が社会で恥をかくことなく生活が送れる水準以下の人を貧困と定義する。具体的な測定方法には議論があるが、一般に**等価可処分所得**の中央値の半分以下である世帯に住む人口の割合を相対的貧困とし、そのような人が人口に占める割合が**相対的貧困率**と定義される。等価可処分所得とは、以下のような発想に基づいている。単身世帯の世帯年収200万円と4人世帯の世帯年収200万円では単身世帯の方が暮らし向きはよいであろう。それでは、4人世帯が400万円だったらどうか。一人当たりで考えると、単身世帯の方が有利に見える。ただし、規模の利益を考える必要がある。そこで、何らかのウエイトが必要である。一般に世帯人数の平方根で可処分所得を割ることで等価可処分所得を定義する。つまり、単身世帯の世帯年収200万円は$200/\sqrt{1}=200$であり、4人世帯の世帯年収400万円は$400/\sqrt{4}=200$となる。

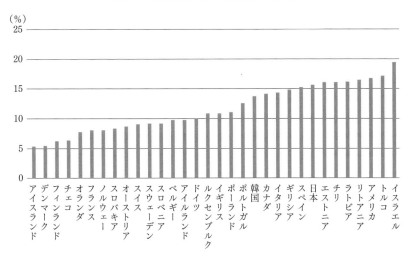

図12- 3　相対的貧困率の国際比較：2015年

(%)

アイスランド
デンマーク
フィンランド
チェコ
オランダ
フランス
ノルウェー
スロバキア
オーストリア
スイス
スウェーデン
スロベニア
ベルギー
アイルランド
ドイツ
ルクセンブルク
イギリス
ポーランド
ポルトガル
韓国
カナダ
イタリア
ギリシア
スペイン
日本
エストニア
ラトビア
リトアニア
アメリカ
トルコ
イスラエル

（出所）OECD Factbook 2018

　等価可処分所得に対しては、子どもと大人を同じ1人として計算するのが妥当なのかという批判があるし、相対的貧困率に関しても貧困ラインからどのぐらい離れているかを考慮していないという批判もある。このような問題はあるが、計算が容易であり一般にはこの指標が用いられる。貧困の詳しい指標は橘木・浦川（2006）やラヴァリオン（2018）に説明がある。**図12- 3** は相対的貧困率の国際比較をした結果である。OECD 各国のなかで日本の相対的貧困率は高く、G7のなかではアメリカに次いで高い。日本では格差が拡大しているだけでなく、完全失業率は改善方向に向かっているにもかかわらず、貧困問題は依然深刻である。

　最後に日本の格差や貧困の長期的な推移を対象にした最近の研究の一部を紹介する。南亮進と牧野文夫は、日本の近現代の長期的な所得や資産分配の推移を分析している（南・牧野 2017a; 2017b; 2018a; 2018b）。Moriguchi and Saez（2008）は所得税のデータを用いて、長期的な日本の所得格差について分析している。その結果、戦前は上位1％の所得の集中度が高く、資本の毀損により戦中に集中度が低下し、賃金の集中度も低下した。アメリカでは1970年代から賃金の集中度が再び上昇したが、日本は1997年以降に上昇したことなどを明らかにした。つまり、日本は産業化の初期段階では格差が大きい国であり、先進国は大恐慌期には所得の集中度が低下したが、日本ではその効果は弱かった。一方、第二次世界大戦の効

果は先進国よりも大きく、高度成長期においても所得上位層の所得割合は一定であった。さらに、90年代以降の構造変化を反映して上位層の所得割合は上昇しているが、留保しつつも、その動きはアングロサクソンの国よりは穏やかであるとしている。

　12章では1990年代以降、日本で特に注目されるようになった問題である少子高齢化と格差・貧困問題の関係を取り上げた。はじめに、ピケティのモデルを使用して、人口減少と格差の関連を論じた。さらに、格差の指標であるジニ係数と貧困の指数である絶対的貧困と相対的貧困率について説明した。そのうえで、日本の格差や貧困の長期的な推移を論じた代表的な研究を紹介した。

第13章

公的扶助と社会保険

少子高齢化と社会保障 1

　第1部では、日本の高齢化率や従属人口指数などの指数を用いて、日本の少子高齢化が今後も進展することが予測されることを示した。高齢社会においては年金、医療などの社会保障の重要性が高まる。高齢化によって社会保障を必要とする層が増える一方で、少子化やそれによって引き起こされる生産年齢人口の減少によって勤労世代の負担が高まる。実際に、政治に求める政策課題として社会保障問題は常に上位である。前に説明したように、かつての日本では人口問題は過剰人口のことを意味し、特に食糧問題との関連が指摘された。それに対して、現在では人口問題とは人口減少や少子高齢化問題を意味し、さまざまな問題と関連するが、そのなかでも社会保障に大きく影響を与える。

　そこで第13章では少子高齢化と社会保障の関連について取り上げる。第1に、社会保障制度の4つの柱である、公的扶助、社会保険、社会福祉、公衆衛生を説明する。はじめに公的扶助と社会保険の違いに注目する。さらに、公的扶助の代表例である生活保護制度の変遷について説明する。第2に、社会保障財政に注目し、日本の社会保障制度は社会保険が中心であり、特に年金への財政支出がおよそ半分を占めていることを示したうえで、高齢化の進展に合わせて社会保障への支出が急激に上昇していることを示す。そのうえで、14章では年金保険について、15章では医療保険と介護保険について説明する。第3に、日本の高齢者と母子世帯に注目して、貧困の現状と今後について説明する。高齢者に関しては、単身高齢者が急増しており、都道府県別の単身高齢者比率と高齢者の生活保護率が相関していることから、今後は単身高齢者の進行によってさらに高齢者の生活保護が増える可能性を指摘する。母子世帯のデータを通じて、子どもの貧困に注目し、日本では社会保障が高齢者中心であり、家族給付支出が諸外国と比べて低い

ことを示す。

　そもそも、社会保障の機能としては、主として、①生活安定・向上機能、②所得再分配機能、③経済安定機能の3つが存在する。生活安定・向上機能は、12章で述べた貧困に陥ることを防ぐこと（防貧）や、貧困に陥ったひとを助ける（救貧）機能を社会保障が有するということを意味する。また、所得再分配機能とは、高い所得の人から多くの税や保険料を徴収して、低い所得の人に配分することを通じて、格差拡大を抑制する機能のことである。経済安定機能とは、公的年金制度のように、経済不況期においても継続的に一定の額の現金が支給される制度は、高齢者等の生活を安定させるだけでなく、消費活動の下支えを通じて経済社会の安定に寄与している。

13.1　社会保障制度の4つの柱

社会保障制度は4つの柱から成り立っている。

①公的扶助：公的機関が主体となって生活困窮者に対して一般租税を財源とし、健康で文化的な最低限の生活を保障するために行う経済的援助
②社会保険：年金保険、医療保険、雇用保険、介護保険のように、高齢化、疾病、失業、介護などの事故（リスク）に備えて、社会的供出をすることによって、保険によるカバーを受ける仕組み
③社会福祉：身体障碍者、児童、老齢者、および母子世帯のように、社会的に援助が必要とされるものに対して、自立して能力が発揮できるように政府が提供する公的サービス
④公衆衛生：国民が健康に生活できるための下水道整備、感染症予防、疾病対策などといった、国民の健康の維持増進を目的とする公的サービス

公的扶助と社会保険の違いは表13-1に示される。社会保険は高齢化、疾病、失業、介護といったライフイベントで生じる様々なリスクを国民全体で保険の原理を用いて分散する。このため、参加者はリスクが生じたときに保険料の対価とし

表13-1　社会保険と公的扶助の比較

	社会保険	公的扶助
給付	定型的、集団的	非定型的、個別的で、事後的に事情に応じて決定
必要性の提示	資力調査（ミーンズテスト）なし	資力調査（ミーンズテスト）あり
参加者の範囲	ほとんどの国民が保険料負担などを通じて参加	特定の援助を必要とする人が利用
財源	主に保険料	一般財源（租税）
利用者負担のルール	応益負担 利用したサービス・費用に応じる	あらゆる資産や能力、援助や給付を活用しても足りない部分を給付
受給権者の権利性	保険料の対価としての給付請求権であり、権利性が強い	保護請求権は法的権利だが、個別事情への裁量的審査がある
スティグマ	スティグマがない 心理的抵抗感が少ない	スティグマがある 利用に躊躇がみられる

（参考）椋野美智子・田中耕太郎（2018）『はじめての社会保障 第15版』有斐閣アルマ、p.245

　て、金銭やサービスの給付を請求することができる。この意味で、対価性があるために給付を請求するに際しての**資力調査（ミーンズテスト）**がなく、請求に対する**スティグマ**（恥辱感）がない。

　それに対して、公的扶助への請求権は日本国憲法25条「すべての国民は、健康で文化的な最低限度の生活を営む権利を有する」（第1項）の規定に基づいて1950年に制定された**生活保護法**を根拠にした法的権利である。しかしながら、公的扶助の財源は租税であり、保険料と比較すると負担と給付の対応関係が明らかではない。また、受給に際しては緊急の場合以外は本人の資産・能力の活用が前提とされ、親族の援助や給付を活用しても足りない部分を受給できる（**補足性の原理**）。このため、給付に際しては資力調査が前提となる。さらに、給付に対してはスティグマが存在して、本来は給付が得られる水準以下の生活水準であっても利用を躊躇することがある。

13.2　社会保障財政について

　日本の社会保障費の推移とその内訳について説明する。**図13-1**がその結果を示したものである。社会保障費の総額は1980年時点では25兆円であったが、その後は高齢化の進行とともに上昇し続けて、30年間で4倍以上も膨れ上がり、2014

図13-1　社会保障給付費等の推移

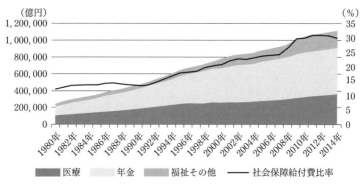

（億円）

1,200,000
1,000,000
800,000
600,000
400,000
200,000
0

（%）

35
30
25
20
15
10
5
0

1980年 1982年 1984年 1986年 1988年 1990年 1992年 1994年 1996年 1998年 2000年 2002年 2004年 2006年 2008年 2010年 2012年 2014年

■ 医療　　□ 年金　　▨ 福祉その他　　── 社会保障給付費比率

（資料）国立社会保障・人口問題研究所「平成27年度社会保障費用統計」
（注）左軸は社会保障給付額、右軸は国民所得に占める社会保障給付費

　年には112兆円となった。国民所得に占める社会保障給付費は1980年代では15％弱でほぼ一定であったが、1990年以降は上昇傾向が続き、2014年にはおよそ30％になった。1990年代以降、高齢化がさらに急激に進行したことに加えて、バブル崩壊後の経済低迷が国民所得に占める社会保障給付費を上昇させる要因となった。

　さらに、社会保障の内訳の推移をみてみたい。日本の社会保障の大部分を占めるのが年金と医療であり、社会福祉や公的扶助の割合は高くない。1980年では医療と年金が4割強とほぼ同じであり、福祉その他が15％程度であった。その後、医療の構成比は低下傾向が続いている。それに対して、福祉その他の構成比は80年代から90年代にかけて10～11％にまで低下したが、2000年代に入ると上昇に転じ、2014年には19％となった。この背景には、日本で貧困化が進んだために、生活保護費などが増加したことが存在する。年金は高齢化が進展したことなどを背景に1980年から2006年にかけて穏やかに上昇したが、それ以降は若干、割合を低下させている。

　次に**国民負担率**について説明する。国民負担率とは国税・地方税の負担を国民所得で割った租税負担率と、社会保険負担を国民所得で割った社会保障負担率の合計から成り立っている。税には所得税や消費税だけでなく法人税も含まれ、社会保険料には事業者負担分も含まれる。さらに、財政赤字は将来の国民の負担になるという考えから、国民負担率に財政赤字を国民所得で割ったものを足したも

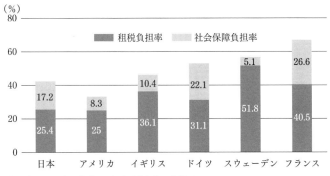

図13- 2　　国民負担率の国際比較

（出所）日本：内閣府『国民経済計算』等、諸外国:National Accounts, Revenue Statistics

のを潜在的国民負担率と定義される。つまり、以下のような式で表される。

$$国民負担率＝租税負担率＋社会保障負担率$$
$$潜在的国民負担率＝国民負担率＋財政赤字対国民所得比$$

図13- 2 は国民負担率の国際比較を行った結果である。この図から示されるように、日本の国民負担率は他の先進国と比べると、アメリカに次いで低い。ただし、日本では財政赤字対国民所得比が6.1%であり、これを考慮した潜在的国民負担率で考えると50%近くとなる。また、内訳をみると、日本ではドイツ、フランスと同様に社会保障負担率の割合が高く、社会保険料による負担が高い。スウェーデンとアメリカは国民負担率の水準では全く正反対であるが、租税負担率が高い点では共通する。ただし、国民負担率は税や社会保険料の徴収のみに注目した概念であり、だれがどれだけ負担するかとか、国民に社会保障サービスがどのように行き渡るかといったことは分析の対象としていないため、国民負担率のみを使用して社会保障水準を判断することは不十分である点には留意が必要である。

13.3　生活保護制度の変遷

　先ほど述べたように、公的扶助と社会保険には表13- 1のような違いがある。そこで、次に公的扶助の代表例である生活保護について、制度の概説や歴史的変

遷について述べたうえで、14章で社会保険の代表例である年金について、15章で医療保険、介護保険を取り上げたい。

　生活保護は、生活保護法第1条に規定されるように「日本国憲法第25条に規定する理念に基き、国が生活に困窮するすべての国民に対し、その困窮の程度に応じ、必要な保護を行い、その最低限度の生活を保障するとともに、その自立を助長することを目的とする最低限度の生活を保障し、自立を助長する仕組み」である。生活保護は、最終的に最低生活を保障する制度であり、**「最後の受け皿」**ともいわれる。社会保障制度を現に貧困にある者を救済する事後的な制度である**救貧制度**と、人々が貧困に陥らないようにその原因に備える予防的な制度である**防貧制度**に分けると、生活保護は典型的な救貧制度である。また、年金、医療、介護と違い保険料方式ではなく、財源は全額税金から賄われ、国が3/4、生活保護を実施している自治体が1/4を負担する。つまり、表13-1で示した公的扶助の代表例が生活保護である。最低生活の水準の決定方式は、かつては**マーケットバスケット方式**という、最低生活を営むための消費物資やサービスの物量を合計して、最低生活費を計算する方法が採用されたが、その後、**エンゲル方式**（1961～64年）、**格差縮小方式**（1965～83年）を経て、1984年以降は一般国民の消費実態と対比してすでに妥当な水準に到達しているという認識のもと、当該年度の政府経済見通しにより見込まれる民間最終消費支出の伸び率を基礎とし、前年度までの一般国民の消費実態との調整を図る**水準均衡方式**が採用されて現在に至る。

　生活保護に関する研究として、橘木・浦川（2006）と阿部他（2008）を紹介したい。橘木・浦川（2006）は1996年、1999年、2002年の『所得再分配調査』の個票データを用いて、生活保護基準以下で生活している人がどのぐらいいるかを計測した。その結果、生活保護の捕捉率が20％以下であり、本来は生活保護を受けられるはずの水準で生活している人が生活保護を申請していないことを明らかにしている。この値はイギリス、ドイツ、アメリカなどの他の先進諸国と比べても相当低い値であるとする。また、阿部他（2008）は生活保護に関する包括的な研究であり、例えば、年金未納者の属性分析をし、流動性制約が最も大きな要因であり、年金未納者が将来、低額年金と生活保護の併給になる可能性を示したり、生活保護の大きなウエイトを占める医療扶助費の実態分析をしたうえで、ホームレスの健康状態の分析を行ったりしている。

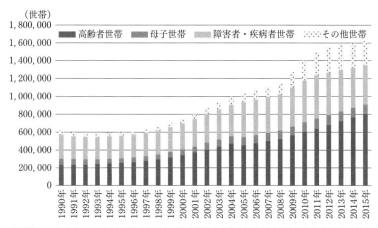

図13-3　生活保護世帯の年次推移

(資料) 2011年度までは、厚生労働省大臣官房統計情報部「社会福祉行政業務報告」(福祉行政報告例) 2012年度以降は、厚生労働省社会・援護局保護課「被保護者調査」月次調査
(出所) 国立社会保障・人口問題研究所 HP「世帯類型別被保護世帯数及び世帯保護率の年次推移」

13.4　単身高齢者の急増と高齢者の貧困

　次に、日本の貧困の推移について、生活保護の状況についてデータを用いて確認していく。先ほど説明したように、日本では90年代以降、格差拡大が注目されるようになり、2000年代には貧困に注目されるようになってきた。また、橘木・大竹論争などを通じて、高齢化の進展と格差拡大の関係に注目されるようになった。さらに、12章で示したように、OECD 各国のなかで相対的貧困率は依然として高く、また生活保護世帯の急増などからも示されるように、日本では貧困問題は深刻である。**図13-3** は生活保護世帯の推移を示したものである。1990年には生活保護世帯数は62万世帯であったが、特に1997年の北海道拓殖銀行、山一証券などの経営破綻や自主廃業に端を発した金融危機以降は急激に上昇した。その後、景気の回復や失業率が改善した時期も存在したが、それにかかわらず、一貫して生活保護世帯数は上昇傾向にあり、2015年には162万世帯に達した。

　特に注目すべきは、高齢者世帯の生活保護率の上昇である。1990年には23万世帯であったが、高齢化が進展する速度以上に急激に増加し、2015年には80万世帯を超えた。また、生活保護世帯に占める高齢者の生活保護世帯の比率も上昇し続けて、2015年には49.5%とほぼ半分が高齢者世帯で占める。つまり、高齢化の進

図13-4　高齢者、母子世帯保護率の推移

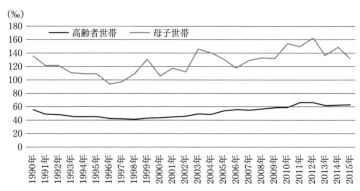

（資料）2011年度までは、厚生労働省大臣官房統計情報部「社会福祉行政業務報告」（福祉行政報
　　　　告例）2012年度以降は、厚生労働省社会・援護局保護課「被保護者調査」月次調査
（注）世帯保護率は、被保護世帯数の各世帯数を「国民生活基礎調査」の各世帯数（世帯千対）で
　　　除したものであり、平成23年には岩手県、宮城県及び福島県が、平成24年には福島県が含ま
　　　れていない。

展とともに高齢者の貧困問題はより深刻化することが予想される。一方、合計出
生率や出生児数ともに減少傾向にあるにもかかわらず、母子世帯の生活保護世帯
数は上昇し続け、2015年には10万世帯を超えた。さらに、**図13-4**は高齢者世帯、
母子世帯に占める保護世帯率の推移である。高齢者世帯は全高齢者世帯の5〜6
％程度が生活保護世帯になるのに対して、母子世帯は10％以上が生活保護にな
る。母子世帯が貧困に陥りやすいことが分かる。推移をみると、90年代中頃か
ら、高齢者、母子世帯ともに生活保護世帯率が徐々に上昇している。そこで、高
齢者世帯と母子世帯に関する論点を若干取り上げる。

　高齢者世帯については、高齢者単身世帯の増加の問題に注目する。高齢者の貧
困化が進んでいる一因としては、高齢者の単身世帯化が進んでいる点が挙げられ
る。橘木（2011）は高齢単身者の半分は貧困に苦しんでいるとする。また、橘
木・浦川（2006）では全貧困者に占める高齢者二人以上の世帯が9.6％、高齢者
一人世帯（単身）では21.2％の比率を占める。総貧困者のうち、5分の1以上が
高齢者単身世帯である。さらに、高齢者世帯のうち4世帯に1世帯以上が貧困状
態にある。つまり、高齢単身者は貧困に陥る傾向が強く、また全体の貧困者のな
かでの割合も高い。**図13-5**は都道府県別の高齢者生活保護率と高齢者単身世帯
である。両者には強い正の相関があり、高齢者単身世帯の比率が高い都道府県で

図13- 5　都道府県別高齢者生活保護率と高齢者単身世帯の関係

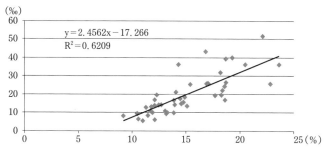

(注) 横軸が高齢者単身世帯比率で、縦軸が高齢者生活保護率（1000人あたり）である。

(出所) 65歳以上人口に占める単独世帯率は『国勢調査』、生活保護率は『社会福祉行政業務報告』

(引用) 松浦編（2014）『高齢社会の労働市場分析』

は高齢者の生活保護率も高いことが示される。さらに、**表13- 2**は都道府県別の高齢者の単身世帯比率の2010年と2030年の予測を示したものである。全国平均では2010年から2030年にかけて女性の単身世帯化はほとんど進まないが、男性では上昇し65歳以上男性の５人に１人近くが単身世帯となることが予測されている。また、都道府県別でみると、東京都、大阪府、沖縄県では、高齢者男性の単身世帯化が進み、2030年には５人に１人以上が単身世帯となることが予測されている。先ほど見たように、高齢者単身世帯と高齢世帯の生活保護率が強く相関することや貧困世帯に占める高齢者の割合が大きいことから、今後、高齢者の単身世帯化が進み、生活保護世帯が増え、日本全体の貧困が深刻化する可能性が高い。

13.5　母子世帯の貧困と子どもの貧困

　母子世帯については子どもの貧困について取り上げる。橘木・浦川（2006）では貧困世帯全体のなかで母子世帯の比率は３％前後であり絶対数は多くないものの、一度母子家庭になれば貧困に陥る人は半分以上おり、母子家庭の貧困は深刻であるとする。具体的には2001年では母子・子ども２人以上世帯の場合、貧困率は61.4%である。子どもの貧困に関しては格差が再生産され、**機会の平等**に反するという問題がある。平等には、**機会の平等**と**結果の平等**がある。機会の平等とはチャンスが全員に開かれていることを意味する。例えば、お金持ちの親に生ま

表13-2　都道府県別高齢者単身世帯比率

		2010年		2030年				2010年		2030年	
		男	女	男	女			男	女	男	女
	全国	11.11	20.3	17.8	20.87	24	香川	9.34	19.28	15.64	19.96
1	東京	17.56	28.04	24.08	25.58	25	岡山	9.09	18.92	16.29	20.28
2	大阪	16.26	26.49	23.37	25.35	26	栃木	8.88	14.47	15.57	16.72
3	沖縄	13.29	19.39	20.94	20.68	27	青森	8.7	18.06	15.2	18.53
4	鹿児島	12.88	29.37	18.86	27.64	28	三重	8.63	18.13	15.29	19.72
5	高知	12.86	25.62	19.43	25.28	29	熊本	8.63	19.15	15.24	20.14
6	兵庫	12.36	23.38	19.34	23.22	30	静岡	8.59	14.46	15.18	17.15
7	神奈川	12.34	20.68	18.74	21.12	31	茨城	8.54	13.54	14.95	15.93
8	福岡	11.83	23.43	18.13	22.16	32	奈良	8.34	18.43	14.76	19.44
9	北海道	11.67	24.7	18.01	23.93	33	福島	8.08	14.42	14.72	17.19
10	京都	11.54	23.16	18.5	23.13	34	石川	8.07	16.73	14.9	18.29
11	和歌山	11.43	23.61	17.75	23.09	35	鳥取	8.03	15.84	14.45	17.5
12	千葉	11.03	17.35	17.38	18.68	36	宮城	7.98	15.17	14.8	17.4
13	埼玉	10.9	16.5	17.49	18.28	37	長野	7.92	15.14	14.25	17.86
14	山口	10.72	24.02	16.77	23.52	38	島根	7.73	16.79	13.52	18.08
15	広島	10.67	22.77	17.55	22.83	39	滋賀	7.66	14.88	13.99	17.08
16	愛媛	10.6	23.6	17.05	23.35	40	岩手	7.42	15.22	13.64	17.25
17	宮崎	10.45	23.77	16.86	23.8	41	佐賀	7.3	15.91	13.95	17.64
18	愛知	10.2	18.07	17.11	19.3	42	岐阜	7.26	14.69	13.53	16.8
19	長崎	9.77	21.96	16.21	22.06	43	秋田	7.04	15.79	13.79	17.28
20	徳島	9.76	19.35	16.03	19.7	44	新潟	6.85	13.03	13.43	16.21
21	山梨	9.47	17.1	15.62	18.83	45	福井	6.73	13.42	13.14	16.35
22	大分	9.45	21.92	15.71	22.13	46	富山	6.58	14.16	13	16.08
23	群馬	9.37	16.31	15.27	18.26	47	山形	5.97	11.49	12.92	15.37

（出所）2010年は総務省統計局『国勢調査』であり、2030年は国立社会保障・人口問題研究所『日本の世帯数の将来推計（都道府県別推計）』（2009年12月推計）および同所『都道府県別将来推計人口』（2007年5月推計）により算出。一般世帯による。年齢別人口に対する率。
（注）順位は2010年の男性の単独世帯率が高い順である

れた人が高い月謝のかかる塾などに通うことができることによって、良い学歴を得ることができて、高い収入が得られたとする。一方、高い月謝のかかる塾に通えず、そもそも授業料が高額なために大学に通えないことも考えられる。その結果、高い収入が得られなかったとする。この場合、両者には平等なチャンスが与えられず、機会の平等が保障されていない。一方、平等なチャンスが与えられて

いたが、それぞれの努力や運によって収入の差が生まれる。これが結果の平等である。結果の不平等に対して、どの程度の格差を認めるかについては、経済学者の間でも意見が分かれる。しかし、機会の平等に対しては多くの経済学者が十分に保障されるべきであると考える。機会の平等がないと、平等だけでなく、効率性を阻害するためである。

　例えば、100m競争を考える。100m競争を行うときに99mのところで全員が待たされて同時にゴールするようなルールになると、誰も一生懸命走らなくなる。これは結果の平等を重視しすぎて、競争するインセンティブがなくなる状況である。一方、100m競争で一人だけ90m先からスタートできるとする。この場合、誰も一生懸命走らなくなる。なぜならば、一生懸命走ったとしても、90m先からスタートする人が勝つのが明らかであるからである。これは、機会の平等がないことで、競争するインセンティブがなくなる例である。つまり、子どもは親を選べず、本人の責任と関係ないところで人生の選択肢が制限されるのは平等の観点から問題であるだけでなく、適切な競争という観点からも大きな問題である。

　しかしながら、阿部（2008）は「12歳の子どもが生活をするために、○○は必要だと思いますか」という質問に対する回答を分析することを通じて、イギリスやオーストラリアに比べて、子どもにとって必需品だと考えられるものが限定されていることを明らかにしている。このことが、「子どもの貧困」が長い間、問題視されてなかった背景にあるのではないかと推察している。図13-6はGDPに占める公的家族給付支出割合の推移を示したものである。2000年時点では、先進国中で最低であった。2009年から2010年にかけて急上昇したものの、その後はほぼ一定であり、2013年時点ではアメリカ、カナダに次いで低い。図11-1では、GDPに占める初等中等教育に対する公的支出割合の低さを説明したが、これらの背景には、阿部（2008）でも指摘されるように、子どもに対する社会保障支出に対する意識の低さがあると考えられる。しかしながら、小塩（2013）が指摘するように、子どもには外部経済効果が存在する。また、図2-1で示したように少子化が高齢化の主な決定要因であることや、表11-1で示したように子育て費用の高さによって子どもが欲しくても持てない背景にあることを鑑みると、子育て費用の社会化が今後さらに必要になると考えられる。

　13章では社会保障は少子高齢化から強く影響されることから、少子高齢化が日本社会に与える影響として社会保障について取り上げた。第1に、社会保障制度

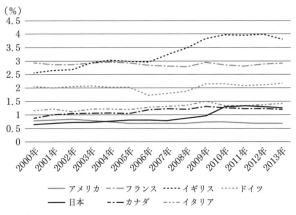

図13-6 GDP に占める公的家族給付支出割合の推移

（出所）OECD Factbook 2018

の4つの柱に触れたうえで、社会保険原理と公的扶助原理の理論的な違いを説明した。第2に、社会保障財政について取り上げて、高齢化の進展とともに社会保障費が上昇していることや社会保障費の大部分を占めるのが年金と医療であることを示した。第3に、公的扶助の代表例である生活保護を取り上げて、生活保護の多くの割合を占めるのが高齢者と母子家庭であることを示した。そこで、第4に、高齢者の貧困を取り上げ、今後、高齢者が増えるだけでなく、単身高齢者世帯が増えることから、高齢者の貧困がさらに深刻化する可能性について指摘した。第5に、母子家庭を中心とした子どもの貧困を取り上げて、子どもの貧困は機会の平等の観点からも問題であることを指摘した。

第14章

年金

少子高齢化と社会保障 2

13章では少子高齢化が社会保障に強く影響すること指摘し、社会保障費の大部分を占めるのが年金と医療であることを述べた。また、年金問題は現在の日本の重要な政策課題として存在し、常に選挙のたびごとに中心的な争点となっている。そこで14章では社会保障費の柱の１つである年金を取り上げる。第１に社会保障制度のなかで年金を取り上げ、制度の概要と歴史を解説する。第２に、年金に関するいくつかの論点を解説する。

14.1　年金制度と歴史

14章では社会保険の１つである年金制度について述べる。**図14-1**は年金制度の体系を示したものである。日本の公的年金制度は、二階建ての構造である。一階部分は「**国民年金**」であり、満20歳以上60歳未満の人のすべての人が被保険者になる。国民年金の被保険者は以下の３つのタイプに分けられる。国民年金の被保険者は「**第１号被保険者**」、「**第２号被保険者**」、「**第３号被保険者**」に分けられる。

「**第１号被保険者**」は自営業者や無職から構成され、自分で加入手続きをして、**定額**の保険料を納付する。2018年４月時点では月額１万6340円である。「**第２号被保険者**」は民間サラリーマンや公務員等から構成され、**厚生年金**にも加入している。加入手続きや保険料納付は会社が行い、納付する保険料の半分は会社が負担し、保険料は報酬に比例する。「**第３号被保険者**」は、第２号被保険者の被扶養配偶者、つまり勤め人の妻で専業主婦などから構成される。保険料は扶養している夫（妻）の加入している厚生年金が、扶養されている妻（夫）の分も含めて

図14-1 年金制度

2階部分
（民間サラリーマン） （公務員等）

厚生年金保険

1階部分
国民年金（基礎年金）

第1号被保険者 （自営業者など）

第2号被保険者 （会社員） （公務員等）

第3号被保険者 （第2号被保険者の被扶養配偶者）

1,575万人　　　　　　　4,264万人　　　　　　889万人

（参考）厚生労働省ホームページ。ただし、数値は2017年3月末のものを利用。
https://www.mhlw.go.jp/file/06-Seisakujouhou-12500000-Nenkinkyoku/0000126679.pdf

国民年金に拠出する。ただし、年収が130万円以上の場合は国民年金の第1号被保険者として、自分で保険料を納付する必要がある。このため、第3号被保険者は、年収130万円以内に収まるように労働時間を調整しているといわれている。これを「**130万円の壁**」という。ただし、あとで述べるように一定の条件を満たしたパートタイム労働者も厚生年金への加入が求められるようになり、2016年以降は一定の条件を満たした労働者は年収106万円を超えると勤務先の社会保険への加入が必須となった。また、配偶者控除の「103万円の壁」も女性の就業を妨げることや専業主婦（夫）への優遇などの批判もあり、廃止を含めてさまざまな議論が存在したが、2018年からは配偶者特別控除が拡大され、妻の年収が103万円超150万円以下なら、夫は配偶者特別控除として38万円の所得控除が受けられるようになった。また、年金給付に関しては、高齢になったときの**老齢年金**、障害になったときの**障害年金**、生計者が死亡した時の**遺族年金**がある。国民年金（**老齢基礎年金**）の支給開始年齢は65歳である。

　次に年金制度の歴史的変遷を簡単にまとめる[1]。年金の制度変更を四段階に分けることができる。第一段階は1961年の**国民皆年金**制度の成立である。日本における民間企業の被用者を対象とした年金制度は、1939年の船員保険法による船員の年金制度が最初である。その後、1941年に陸上労働者を対象とした労働者年金

1）制度の変遷は吉原・畑（2016）が詳細に論じている。

法が制定され、1944年に厚生年金保険法と改称された。ただし、この時点では農家や自営業者などは公的年金に加入していなかった。定年のある勤め人と違って農家や自営業者は自分で引退時期を決定できる違いが背景にあった。国民年金制定前の1957年時点では農漁民、自営業者、零細な事務所の被用者には何の年金制度もなく、年金制度によってカバーされている人数も全就業者人口の1/3程度に過ぎなかった[2]。しかし、1950年代中頃から国民年金制度創設の機運が盛り上がり、1959年に国民年金法が成立し、1961年から**国民皆年金**となった。ここに至って、農家や自営業者のための国民年金が制定された。ただし、注意すべき点は、1961年段階では学生や専業主婦は加入が義務付けられていない。しかし、加入していない人が障碍者になったときや離婚したときの保障に欠けるため、専業主婦には基礎年金ができた85年改正で、学生は89年改正で強制加入に変更された[3]。また、1959年の国民年金法制定に際して、既に保険料納付を条件に年金を支給する拠出制（**社会保険方式**）と保険料の納付を条件とせず、税を財源に支給する無拠出性（**税方式**）を基本にするかという議論は行われていた。それぞれの制度の特徴については後ほど述べる。

　第二段階は1985年の**基礎年金制度**の制定である。背景に1970年代中旬から各制度間の不均衡、格差の是正、人口高齢化に対応した年金財政の長期的安定のための給付と負担の見直しが大きな課題となった。1961年に開始した国民年金はそれ以前に年金制度のなかった自営業者や農家に対して新しく国民年金制度を作ったものである。つまり、厚生年金は民間のサラリーマン、国民年金は自営業者や農家のそれぞれ独立した制度であった。産業構造が転換し、自営業者や農家の人は減り、国民年金加入者の高齢化が進展した。また、この時代の多くのサラリーマンの親は農家や自営業者であった。サラリーマンは厚生年金で、農家や自営業者は国民年金であった。サラリーマンが納めた保険料は、自分たちの親である農家や自営業者のための財源にならずに、かつてサラリーマンであった人の年金の財源となることは多くのサラリーマンにとって納得の行く制度ではなかった。

　このような問題に対処するために、社会保障制度審議会から税方式の基本年金と、それに上乗せさせる社会保険方式の年金の二階建て方式なども提案された。

2）吉原・畑（2016）

3）椋野・田中（2018）

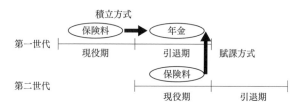
図14- 2　賦課方式と積立方式

しかし、社会保険方式が定着したことや財源などの問題もあり、国民年金の加入者を20歳以上60歳未満の全国民に拡大し、国民年金を全国民共通の基礎年金を支給する制度に変更した。また、国は基礎年金の支給に要する費用の1/3を負担することにした。つまり、国民年金を自営業者や農家だけの年金ではなく、基礎年金として国民全体の年金とし、厚生年金の保険料から国民年金制度に拠出金を納めることにした。

14.2　2004年改革

第三段階は2004年改革である。背景には、第1に人口高齢化の進展によって将来世代の保険料負担が深刻化すること、第2に平成に入ってからのバブル崩壊によって、企業は厚生年金の保険料負担を重荷に感じるようになった。第3に国債発行残高の急増から示されるような財政赤字の問題が深刻化したことである。第4に年金に対する不信感も背景にあり、保険料の未納者や滞納者が増加したことなどが挙げられる。主な変更点は次の4つである。

第1に国庫負担を1/3から1/2に増額したことである。第2に永久均衡方式から**有限均衡方式**を採用したことである。これらの制度の話の前に、賦課方式と積立方式の違いについて説明する。**図14- 2** は**積立方式**と**賦課方式**の違いを示したものである。積立方式とは各世代の年金財源はその世代が現役期に納めた保険料を積み立てておいて、その運用益を合わせて原資にする。いわば、世代全体で貯金したものを利息とともに年金の財源にしている。一方、賦課方式の場合は各時点で年金収支が均衡するように、現役世代が納めている保険料をその期の引退世代の原資にする。現役世代が引退したときの年金の財源は、次の現役世代が納めている保険料を原資にする。日本の年金制度はもともと積立方式で始まった。ただ

し、年金制度ができた直後は、加入年数が短い被保険者にも老後の生活保障をするために、年金受給権を認めた。つまり、**修正積立方式**であった。その後、高齢者の受け取る年金財源の大部分は現役世代の保険料となった。そこで、2004年に100年後の給付費の1年分だけを残して、積立金を取り崩して給付費に充てることにした。つまり、2004年改正で実質的には完全に賦課方式になったことを意味する。

第3に給付水準を固定するのではなく、**保険料水準固定方式**を採用したことである。日本の年金制度は実質的に賦課方式であり、引退世代の年金の原資は現役世代の保険料で賄われる。つまり、以下の式が成り立つ。

引退者数×引退世代一人当たりの年金受給額＝現役数×現役一人当たりの保険料

このため、高齢化が進展して、引退者数が増えて現役者数が減ると、年金受給額を抑えるか、保険料の水準を抑えるかしかない。そこで、2004年の改革では最終的な保険料率の水準を法律で定め、その負担の範囲内で給付を行うことを基本に、少子化等の社会経済情勢の変動に応じて給付水準が自動的に調整される仕組みを年金制度に組み込んだ。

第4に**マクロ経済スライド**の導入である。年金の給付は現役世帯の手取り収入の伸び率に合わせて年金給付を引き上げる**賃金スライド**があり、いったん受け取りはじめた年金は物価の伸びに合わせて改定する**物価スライド**がある。しかし、賃金スライドと物価スライドでは、高齢化が進展し、経済が停滞すると固定した保険料水準の範囲内で給付が賄えない場合が考えられる。そこで、公的年金被保険者数の減少率や平均余命の伸びを勘案した一定率を年金の引上げから引く調整方法が、マクロ経済スライドである。

14.3　年金改革に関する論点

さらに、年金改革に関する論点や問題をいくつか紹介したい。年金問題の論点をコンパクトにまとめたものとして、盛山（2007）が存在する。第1に基礎年金に対する税方式の導入に関してである。税方式の長所は①国民年金には未納が多く、税方式ならば未納が防げる、②国民年金の保険料は定額負担であり逆進性があり問題である。保険料方式の長所は①社会保険方式の方が自立・自助の原則に

合致する、②税方式になると拠出と負担の関係が明確でなくなる。あと一般には
あまり指摘されていない（ようにみえる）が、逆進性からいうと消費税よりも問
題は大きいにもかかわらず、保険料は年金の給付との対応関係が意識されている
ためか、③国民の増税に対する抵抗感に比べて、保険料の抵抗感が強くないこと
が挙げられる。ただし、税方式を採用する場合は、当然ながら財源が必要である。

　2012年の野田政権の下で、民主、自民、公明の三党が消費税率を5％から10％
に段階的に引き上げることで合意し、その後、安倍政権で二回の延期を行ったも
のの、2019年10月から10％になった。この合意は「社会保障と税の一体改革」と
位置づけられ、毎年増える社会保障費の財源確保と財政健全化の両立をめざすも
のであるとされた。確かに、消費税は景気変動に大きく左右されないために、社
会保障の財源として想定されることが多い。しかし、下野（2017）は1990年代以
降の再度にわたる所得税減税が、財政悪化と格差拡大の原因だとしたうえで、
様々な控除により所得税の課税ベースが先進国と比較して、非常に小さいことを
問題だとし、所得税の増税や課税ベースを広げることによって社会保障を充実さ
せるべきだとする。課税ベースとは以下のように定義できる。

$$課税ベース（課税対象となる所得）＝収入－各種所得控除$$
$$税収　　　　　　　　＝課税ベース×税率^{4)}$$

例えば、日本政府が「標準世帯」とする"夫が給与所得者で中学生と大学生の二
人の子どものいる専業主婦世帯"の場合、夫の収入が700万円であると所得税額
は16万6000円と、収入の2.4％である。そこで、課税ベース拡大と個人番号によ
る所得捕捉によって、社会保障の充実を主張している。個人番号による所得捕捉
に関しては、プライバシーの観点から反対が強いが、生活保護を必要とする貧困
層を把握できる面もある。

　第2に年金の未納に関してである。国民年金の納付率[5)]は2016年度で65％であ
り、近年僅かながらであるが上昇傾向である。国民年金の納付率に関しては、大

4）森信（2010）は、直方体を例にとると「税負担（税収）」は、「課税ベース」という底面
　積に「税率」という高さをかけた体積と例えることができるとする。そのうえで、所得
　税のあり方としては、「課税ベースが広く、税率が低い」税制が優れており、20世紀後半
　の先進諸国の税制改革が「課税ベースを広くして税率を下げる」ことを目標において行
　われたとする。

きな問題ではないとする主張もある。その理由は、第1に、国民年金を分母にすると65%であるが、厚生年金などを含めた公的年金を分母にすると納付率は95%を超えるために年金財政にはほとんど影響がない。第2に、未納者は将来の年金受給が減るために、未納者が増加しても年金財政は問題がない。ただし、未納者が将来、年金受給できない場合は、生活保護に頼らざるを得ない状況に陥ることが十分に考えられる。このため、国民年金の未納者が3割以上いるのは問題がないとは言えない。

第3に賦課方式から積立方式への移行に関してである。賦課方式、積立方式には以下のような長所がある。賦課方式（積立方式）の長所は積立方式（賦課方式）の短所である。賦課方式の長所はインフレリスクに強い。積立方式の場合、急激なインフレが生じている場合は、納めた保険料がインフレで目減りすることで、引退期に十分な年金を受給できない可能性があるが、賦課方式であれば年金の財源は同時期の現役世代の保険料であるため、インフレの問題は生じない。一方、積立方式の長所は高齢化のリスクに強いことである。各世代で給付と負担が一致しているため、ある世代の人口が少なくなったとしても、給付総額と負担総額がともに減少するだけである。一方、賦課方式の場合、高齢化に直面すると先ほども述べたように一人当たりの年金給付を一定にしても、勤労世代の負担は上昇する。急激な高齢化が次に述べる年金の世代間格差の背景にある。

第4に年金の**世代間格差**についてである。積立方式であれば、同じ出生コーホートの世代が納付した保険料を積立てて、運用することで得られたものが年金の財源となるので、世代間格差の問題は生じない。しかし、賦課方式であると、納めた保険料と受け取る年金額が出生コーホートで異なる可能性がある。この問題が、年金の世代間格差の問題である。Auerback, et.al.（1991）は国民一人が生涯の間に国に支払う額と国から受け取る受益額の差額を計算し、世代別に示す**世代会計**という手法を開発した。世代会計を用いることで、社会保障の受益と負担の差の世代間格差を計測することができる。この手法を用いて、鈴木（2010）では1940年生まれは生涯に3090万円の受取超過であり、1950年後半で損得なし、2010年生まれ世代では2370万円から2840万円の支払超過になり、1940年生まれと2010

5）厚生労働省『平成28年度の国民年金の加入・保険料納付状況』https://www.mhlw.go.jp/topics/bukyoku/nenkin/nenkin/toukei/dl/k_h28.pdf

年では5000万円以上の格差が存在するとしている。世代会計を使用して、世代間格差を計測した研究としては島澤（2009）、小黒（2010）なども存在するが、いずれも5000万円以上の世代間格差を示している。それに対して、堀（2009）は研究者が世代間格差をアピールすることで年金不信を招いたと批判する。また、厚生労働省をはじめとする世代間格差を否定する立場では、たとえ公的年金の負担と受給に関して世代間格差が存在したとしても、勤労者世代は自分の親世代の私的な金銭的支援を公的年金が代替することで、負担が減る側面を強調する。

　第5に第三号被保険者の保険料負担についてである。会社員や公務員を夫にもつ専業主婦は自分では年金保険料を支払っていないにもかかわらず、夫が厚生年金などに加入することで年金の受給資格がある。このため、第三号被保険者は保険料を支払っていないのに年金を受け取る資格があるように見えることが批判の対象になっている。それに対して、盛山（2010）は夫が加入する厚生年金が妻の部分を支払うことにより、少なくとも独身者や共稼ぎの世帯との格差はないとする[6]。ただし、国民年金の加入者との格差は否定できないが、専業主婦が保険料を納付すると逆に専業主婦の負担が過大になるとする[7]。

　第6にパートタイムへの厚生年金についてである。これまでは、一般的に週30時間以上働く方が厚生年金保険・健康保険（社会保険）の加入の対象だったが、2016年10月からは、従業員が501人以上の会社について、週20時間以上働く方などにも対象が広がった[8]。この制度変更の背景は次のとおりである。パートタイムは専業主婦の家計の補助として行われることが一般的であった。このため、夫の年金が存在するために、パートタイムの年金に対する切迫性は存在しなかった。むしろ、保険料の負担によって収入が減少するために、パートタイム労働者からも好まれなかった側面もある。企業にとっても、パートタイム労働者への保険料納付の負担増は好ましくなかった。しかし、雇用の非正規化が進み、独身者のパートタイム労働者が増加することで、彼らの引退後の生活保障のために、年金を充実させる必要がある。このような趣旨で制度が変更された。

6）盛山（2002）pp.202-206。

7）盛山（2002）pp.206-209。

8）2017年4月以降は、従業員が500人以下の会社でも、労使で合意すれば、会社単位で社会保険に加入が可能となった。

14章では、日本の社会保障のなかで最も大きな割合を占める年金制度について取り上げた。第1に、年金制度の制度の概要と歴史的な変遷を解説した。1961年に始まった「国民皆年金」から、1985年の基礎年金制度の制定を経て、2004年改革に至る流れを説明した。第2に、マクロ経済スライドの導入をはじめとする2004年改革を取り上げた。第3に、年金改革に関する論点を取り上げ、それぞれの改革案の長所や短所について論じた。

第15章

医療と介護

少子高齢化と社会保障 3

　14章では社会保障費の1つの柱である年金問題を取り上げた。そこで15章では、もう1つの柱である医療保険と介護保険を論じたい。具体的には、第1に、日本の医療制度の制度と歴史を概説する。第2に、介護保険の成立過程と特徴を説明したうえで、介護に関する論点を取り上げる。そもそも、保険とは多数のものが偶然的に遭遇する事故に備えて、一定の金銭を拠出して準備金を形成し、事故にあったものに金銭を支払うことで、危険の分散を図る制度である。失業には雇用保険があり、疾病には医療保険が存在する。また年金保険は、長寿そのものは望ましいことであるが、高齢化したときに備えがないことを一種の「事故」とみなして、高齢化するというイベントが発生した時に保険料を支払う制度である。

15.1　医療保険制度の特徴

　医療保険制度は保険者、被保険者、病院の三者から構成されている。**図15-1**は医療保険制度の仕組みを示したものである。保険者とは保険を運営して保険給付を行う主体である。保険料を徴収し、疾病という「事故」が発生したときに金銭を支払うことで、リスクから生じる被保険者の負担を軽減する。ただし、日本では**償還払い**（＝療養費払い）ではなく、図15-1のような**現物給付**という仕組みを用いている。償還払いとは、患者がいったん全額負担したうえで診療を受ける。その後、保険者から償還を受ける仕組みである。

　それに対して、現物給付の場合は、図15-1が示すように、①被保険者（＝患者）は保険に加入して保険料を納付し、②病気のときに一定の自己負担を支払っ

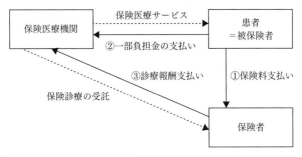

図15-1　医療保険制度の仕組み

（出所）椋野・田中（2018）を参考

たうえで医療サービスを受ける。その後、保険医療機関は実施した医療の詳細を**診療報酬明細書（レセプト）**に記載し、都道府県単位の**審査支払機関**に送付する。審査支払機関は審査したうえで、適正であれば保険者に送付する。③そのうえで保険者は審査支払機関を経由して、保険医療機関に診療報酬を支払う。医療費の自己負担割合は、75歳以上は**1割**、70〜74歳は**2割**[1]、義務教育就学後から69歳は**3割**、義務教育就学前は**2割**負担である。ただし、患者負担が一定額を超えた場合に、超過分をすべて医療保険から償還する仕組みである**高額療養費制度**が、1973年に創設された。高額療養費制度によって、月ごとの患者負担の上限が存在することで、保険適用されるならば、高額な薬によって極端な支出を強いられることはない。

　診療報酬制度の仕組みに関して、医療機関への報酬支払の方法として、**出来高払い方式**と**包括払い方式**に分けることができる。出来高払い方式とは、ひとつひとつの医療行為に1点10円として価格をつけて、患者に提供した各医療行為の点数を積み上げたものを医療機関に支払う方式である。長所は、医療機関が採算を考慮せずにきめ細かい医療を提供できる点である。短所は、検査や投薬で過剰な医療を提供するインセンティブが生じ、医療費が高騰する可能性がある。包括支払い方式は、治療行為をパッケージ化して、定額の報酬を設定する方式である。長所は検査や投薬の回数を増やしても定額の報酬しか出さないため、過剰な医療提供を行うインセンティブが抑制される点である。一方、短所として、報酬が定

1）70歳以上の場合、現役並み所得者は3割負担である。

図15-2　医療保険制度の体系

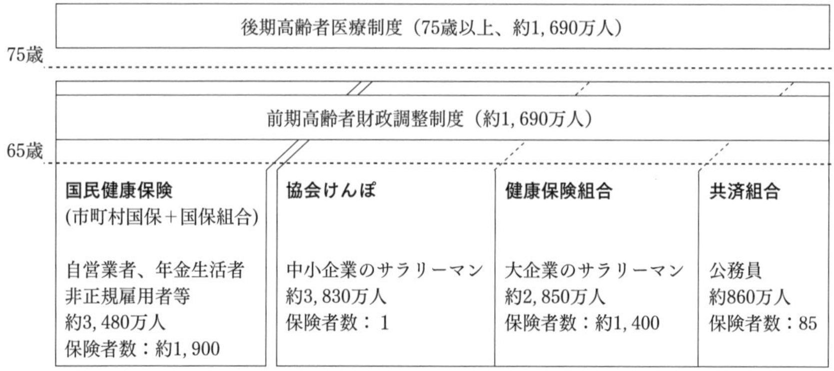

後期高齢者医療制度（75歳以上、約1,690万人）			

75歳

前期高齢者財政調整制度（約1,690万人）			

65歳

国民健康保険 (市町村国保＋国保組合) 自営業者、年金生活者 非正規雇用者等 約3,480万人 保険者数：約1,900	協会けんぽ 中小企業のサラリーマン 約3,830万人 保険者数：1	健康保険組合 大企業のサラリーマン 約2,850万人 保険者数：約1,400	共済組合 公務員 約860万人 保険者数：85

（参照）厚生労働省 HP https://www.mhlw.go.jp/stf/seisakunitsuite/bunya/kenkou_iryou/iryouhoken/iryouhoken01/index.html

額であるため、医療提供が少ないほど利益が出るために、医療が過少供給になる懸念がある。

　次に日本の医療保険制度の体系について説明する。**図15-2** が示すように、日本の医療保険制度は、**被用者保険、地域保険**、75歳以上の**後期高齢者医療制度**に分かれている。被用者保険はサラリーマンや公務員が強制的に加入させられる保険であり、大企業のサラリーマンを中心にした**健康保険組合**（＝健保）、中小企業のサラリーマンが加盟する**協会けんぽ**（協会管掌健康保険）、主に公務員から構成される**共済組合**から成り立つ。被保険者に扶養されている家族（＝被扶養者）も被保険者が加入している各保険でカバーされ、保険料を負担せずに医療給付を受けられる。被扶養者は被保険者の親、祖父母、配偶者、子、孫、兄弟姉妹であるか、同居している3親等内の親族である。例えば、パートで働く妻も年収が130万円未満であれば、夫の被扶養者になることができる。しかし、年収130万円を超えると、自分で保険料を払って現住地の国民健康保険に入る必要が出てくる。図15-1で説明した被保険者の保険料支払いは労使折半であり、被保険者と勤務先の企業が原則折半して、会社が毎月まとめて納める。ただし、保険料率は各被用者保険によって異なり、医療費が少ない健康保険組合は相対的に低い保険料率となる。このため、各健康保険組合は保険料率を抑えるために、加入者の健康を維持促進するインセンティブが生まれる。

一方、自営業者、農業、漁業従事者といった会社に雇われていない75歳未満の人は国民健康保険（＝国保）に加入することが義務付けられている。保険者は都道府県が市町村とともに行う国民健康保険（＝市町村国保）と、個人開業の医師、歯科医師、薬剤師、弁護士、理美容師など同業種で構成される国民健康組合（＝国保組合）がある。保険料率は収入に応じた所得割、固定資産税に応じた資産割、1世帯当たり定額の平等割、一人当たり定額の均等割の4つを組み合わせて決められる。ただし、国民健康保険料の上限は2018年時点においては年間77万円である。第1章でも述べたように、日本では高齢化が急速に進展し、また地域によって高齢化の進展度合いも異なっている。高齢化が進展した地域では当然ながら、国民健康保険の財政に与える負担も大きくなる。そこで、国民健康保険に対して41％の国庫負担と9％の都道府県の調整交付金を合わせて50％が公費負担となっている。しかしながら、依然として市町村による保険料の格差は大きい。

　75歳以上の人は後期高齢者医療制度に強制的に加入させられる。後期高齢者医療制度は2008年に開始した制度である。後期高齢者医療制度を説明する前に、なぜこの制度が導入されたのかという背景を説明するため、日本の医療保険制度を簡単に説明する。

15.2　日本の医療保険制度の歴史的変遷

　日本の医療保険制度の歴史は六段階に分けることができる。日本の医療保険制度の歴史に関しては、吉原・和田（2008）が詳しい。以下の記述も吉原・和田（2008）を参考にしている。はじめに医療保険制度が成立する前史について説明する。明治期にドイツ留学した後藤新平は、1883年にビスマルク政権が世界で初めて制定した社会保険立法である疾病保険法を参考にし、帰国後に内務省衛生局長になったことを契機に、日本でも日清戦争で得た賠償金を疾病保険料に充当することを進言した。しかし、工場の衛生施設の整備が優先されるとの理由で、制定の動きが影を潜めた。そこで、民間や官営の工場などで傷病や死亡の際の相互互助組織として共済組合を自発的に作った。代表的なものとして武藤山治が作った鐘紡共済組合がある。また、同じ年に官営の八幡製鉄所でも八幡共済組合ができた。

　このように、民間や官営の企業内で傷病や死亡の互助組織が徐々に成立しつつ

あり、このような状況を受けて、日本で最初の社会保険制度である**健康保険法**が1922年に制定された（1927年施行）。これが第一段階である。背景には1917年のロシア革命を契機にした社会主義政権の成立、第一次世界大戦期のインフレーションの昂進、これらの動きに触発された労働運動の激化と労資対立の深刻化などが挙げられる。健康保険法は、工場法や鉱業法の適用を受ける製造業や鉱業の従事者を強制被保険者としたが、10人未満の零細企業で働く労働者や官公吏や銀行員などの一般俸給生活者は対象でなく、健康保険法の対象者は一般労働者のごく一部にとどまった。

第二段階は、1938年に市町村区域を単位とした保険組合を創設して、農山漁民に対して医療保険サービスと提供することによって、医療費の負担を軽減し、医療の普及を促進して、生活の安定を目的とした**国民健康保険法が制定**されたことである。背景には農山漁村等の郡部の死亡率が高く、農村住民の寄生虫病、結核病を有する者が多く健康状態が憂慮されたことが挙げられる。また、1937年に日中戦争が勃発し日本の軍国化が進むなかで、国防の観点から国民の体位、体力の向上を図るべきだという意見が陸軍を中心に強くなってきた点もある。ただし、1938年の国民健康保険法は強制加入ではなく、また国庫負担も存在しなかった。

第三段階は、1961年の**国民健康保険法の改正**による、**国民皆保険**の成立である。1955年には国民健康保険の療養給付費に対する国庫補助が法定化され、国民健康保険は急速に普及した。しかし、どの医療保険にも加入していない国民が約3000万人近くも存在した。そこで、社会保障制度審議会の「国民健康保険を強制設立できる措置を講ずるべき」との勧告を受けて、日本医師会の反対は存在したものの世論の後押しもあり、1959年に施行し、全市町村が国民健康保険事業の実施義務を負うのは1961年4月からとした国民健康保険法の改正法案が1958年に成立した。

第四段階は、1973年の老人福祉法の改正による**老人医療費無料化**である[2]。背景には昭和40年代に入ると高齢化問題の重要性が注目されるようになり、高齢者の自己負担部分を公費で負担する地方自治体が現れはじめたことが挙げられる。

2）国民皆保険の成立や次の段階の老人保健法の制定について、菅沼他（2018）は実際の制度の設立に携わった厚生官僚のインタビューをまとめたものであり、制定された背景が分かりやすく説明されている。

最も早い段階で高齢者の医療費を無償化した地方自治体として、岩手県の沢内村が存在する。この村では、昭和30年代から住民の健康管理に力を入れて、高齢者の医療費を無料化していた。その後、横浜市や東京都といった革新自治体を皮切りに、多くの自治体で高齢者の医療費の軽減や無償化を実施した。地方自治体の高齢者医療が福祉の象徴的制度として全国に広がったことで、国として対応を迫られた。1972年に70歳以上の者で国民健康保険の被保険者または被用者保険の被扶養者を対象に、医療保険の自己負担分を公費で負担する老人医療費支給制度の創設のために老人福祉法が改正され、1973年から実施された。老人医療費支給制度により、高齢者の医療費は爆発的に増加し、国民健康保険及び国の財政に深刻な影響を及ぼした。このため、制度発足後数年を経ずに制度の見直しが議論されるようになった。

　第五段階は、1982年の**老人保健制度**の創設である。背景として、第1に国民健康保険を中心に70歳以上加入率が上昇し、国保の負担が高まってきた。第2に健康診断の立ち遅れが目立ってきた。第3に寝たきり老人の増加や**社会的入院**の問題を解決するため、病院と特別養護老人ホームの中間的施設の必要性の認識が高まってきたことが挙げられる。社会的入院とは、一般には「医療の必要性がなくなったのに、家庭等の事情でやむをえず入院を継続する状態、あるいは退院が遅延している状態」と定義される[3]。典型的な例として、医療よりも介護を受けることを目的とした入院がある。社会的入院によって、医療のリソースが無駄に使用され、医療費の上昇に拍車をかける問題を生み出す。これらの問題を解決するために、第1に、1973年に実施された老人医療費無料化によって、高齢者の受診や医療費が急増して、いわゆる「病院のサロン化」を引き起こしたという弊害に対処するために、患者に受診料の一部負担を復活させ、健保の負担を軽くした。第2に、軽くなった健保の負担分の保険料を財源にして、退職者医療制度を作った。第3に、その結果として、国保の国庫負担率を下げた。菅沼他（2018）が行ったオーラルヒストリーでは、当時の法律の立案者はこの3つは相互にリンクし

3）それに対して、印南（2009）はこのような問題把握の仕方では、病院の事情による社会的入院が生じるケースや「やむをえない」理由によらない社会的入院が看過され、実態把握が限定的になる可能性を問題視して、社会的入院＝不適切な入退院という単純な定義を提唱している。

て、一つ動かすとみんな影響するので動かせない、という形にもっていった経緯があるとする。さらに、40歳からの健診や健康指導を行うことで、病気の予防や早期発見に努めることで、医療費を下げるような仕組みを作った。

　第六段階は、老人保健制度の廃止が廃止され、2008年から始まった**後期高齢者医療制度**である。以下のことが制度変更の背景にある。第1に、1990年代以降では高齢化がさらに進展したことや、バブル崩壊後の景気の低迷によって、健康保険組合の財政を逼迫させた。第2に、老人保健制度については、現役世代の保険料負担は本来の被保険者及びその被扶養者に対する給付のための保険料部分と老人保健拠出金のための負担部分が一体となって保険料率が設定されており、費用負担関係が不明確であるという批判が強かった。そこで、高齢者を独立させた医療制度を創設した。これが後期高齢者医療制度である。

　後期高齢者医療制度では、運営主体は都道府県単位ですべての市町村が加入する広域連合である。被保険者は広域連合の区域内に住所を有する75歳以上の高齢者及び65歳以上75歳未満のうち寝たきり等の者で広域連合の認定を受けたものである。財源は現役世代の保険料から約4割、公費から約5割、被保険者からの保険料が1割と高齢者の保険料と現役世代の支援金の負担関係を明確化した。

15.3　介護保険制度の特徴と歴史

　次に介護保険制度について説明する。介護保険制度は2000年4月から開始した。介護保険制度の仕組みは**図15-3**のとおりである。保険者は医療保険と異なり、**保険者は市町村**が担う。被保険者は40歳以上のすべての人が加入することが求められ、**65歳以上の人が第一号被保険者**であり、**40〜64歳までを第二号被保険者**と区分される。制度創設時点では、65歳以上案、0歳以上案、20歳以上案なども存在した[4]が、40歳時点辺りから介護の必要となる可能性が出てくることや親の介護というリスクに直面する点を鑑みて40歳以上が被保険者となった。65歳以上の第一号被保険者は年金収入額によって納付額が決定され、年金から天引きされる。40〜64歳の第二号被保険者は、医療保険の保険料に含める形で徴収される、勤め先も半分負担する。この点は、医療保険と同様である。財源としては、

4）介護保険制度史研究会編（2016）『介護保険制度史』p.221。

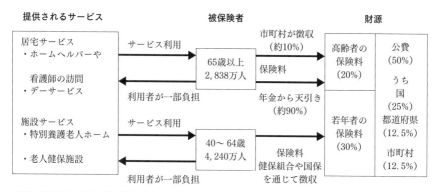

図15-3　介護保険制度の仕組み

| 提供されるサービス | | 被保険者 | | 財源 | |

（参照）『平成22年度版　厚生労働白書』

このように徴収された保険料が50％、国、都道府県、市町村が50％を負担する。

　保険証１枚で診察が受けられる医療給付と異なり、介護給付を受けるために**要介護認定**を受ける必要がある。要介護認定は医師・保健師・社会福祉士から構成される介護認定審査会が行う。要介護度は自立、要支援１～２、要介護１～５の８段階である。自立では介護保険は使用できないが、要支援以上であるとそれぞれの段階に合わせて介護保険を使用できる。ただし、2018年度から要支援１、２の「訪問型サービス」と「通所型サービス」を介護保険給付から切り離し、市町村の裁量で実施する総合事業とした。さらに、2021年度からは要介護１、２も創業事業サービスとすることが計画されている。いいかえると、要介護１、２も介護保険給付から外すことを計画している。なお、自己負担は原則として**費用の１割**である。

　給付されるサービスは、**施設サービス**、**居宅サービス**、**地域密着型サービス**などがある。介護保険で入所できる施設は、特別養護老人ホーム、老人保健施設、介護療養型医療施設の３種類がある。特別養護老人ホーム（特養）は公共の老人ホームで介護を受けながら長く生活をする施設で、老人保健施設（老健施設）は介護を受けながらリハビリをして在宅復帰を目指す施設である。介護療養型医療施設は、回復期にある寝たきり患者に医療・看護・介護を提供する施設だが、2024年には完全廃止予定である。一方、2018年度から介護医療院が新設された。

　それでは、介護保険が制定された背景にはどのような要因が存在したのか。こ

のことを説明するために、介護保険が制定された歴史的経緯を見ていくことにする。介護保険制度史研究会（2016）は介護保険制度の成立を詳細に説明しており、以下の記述を参考にしている。1章でも説明したように、1970年には日本は高齢化社会に突入した。その後、急速に高齢化が進展したため、高齢化問題が深刻化した。その1つが介護問題である。1972年には有吉佐和子が『恍惚の人』で、認知症高齢者の問題を小説にしている。1980年代には高齢化問題に対して、欧米諸国とは異なり、当時の日本は老親と家族の同居率が高く、同居家族を「福祉の含み資産」として位置づけ、家族が高齢者福祉の担い手になる「**日本型福祉国家**」を目指すべきという主張がなされた[5]。しかしながら、高齢者の増大と介護の長期化が進む中で、家族が高齢者を支えきれず、病院への入院を選択せざるを得なくなり、先ほど述べたような「社会的入院」の問題も深刻化してきた。実際には「日本的福祉国家」が想定した前提は崩れ、核家族化が進展しさらに1990年以降は高齢者の単身世帯化が進んだ。つまり、「日本的福祉国家」という構想は日本の世帯構造の変化からわかるように、無理があった。

　また、介護保険制度の創設以前は、介護サービスは社会福祉制度としての給付が存在し、**措置制度**によって運営されていた。措置制度とは、一般国民を対象に普遍的なサービスを提供するのではなく、低所得者など保護の必要な一部の者に対して、公権力による行政処分としてサービス提供を決定する。措置制度には、利用者のニーズに合ったサービス提供ができないことやスティグマなどの問題が存在した。そこで、「**措置から契約へ**」という流れのもとで、介護保険制度創設への機運が高まった。

　さらに、1989年の厚生大臣、大蔵大臣、自治大臣の三大臣の間で合意された「**ゴールドプラン**」もこの動きを後押しした。ゴールドプランは消費税が導入されたことを踏まえて、高齢者の在宅・施設福祉サービスの整備の推進や寝たきり老人ゼロ作戦などを主な内容としていた。1994年にはこれを全面的に見直して、「新ゴールドプラン」により政策の推進が図られた。そして、1997年には介護保険法が成立した。その後、1999年には「ゴールドプラン21」が策定された。

5）一例として、グループ・1984（2012）『日本の自殺』などがある。

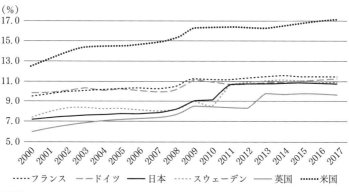

図15-4　GDP に占める医療支出の推移

(%)

···· フランス　――ドイツ　―― 日本　······ スウェーデン　―― 英国　•••• 米国

（出所）OECD Health Statistics 2018

15.4　医療・介護に関する論点

　日本の医療制度への評価に関しては、2つの相反する主張がある。1つには、日本の医療制度は先進諸国と比較して優れているために改革する必要がないという立場であり、もう1つは日本の医療制度は急激に進行する高齢化に直面して、医療財政が危機に瀕しているために改革が必要であるという立場である。

　前者の立場の例として、橘木（2002）が存在する。橘木（2002）はその理由を4つ挙げている。第1に、医療費を国際比較でみた場合は、日本の総医療費がGDP に占める比率は、他国よりも相当低い。第2に、平均寿命を比較した場合、日本は男女ともに最長寿を示している。しかも、乳児死亡率や新生児死亡率は最低水準にある。第3に、1961年の国民皆保険達成以来、すべての国民が医療保険制度の恩恵を受けることが可能になっている。第4に、WHO の言うように、医療機関へのアクセスの自由度は高い。**図15-4**は OECD 主要国の GDP に占める医療支出の推移を示したものである。観察される特徴としては、どの国も高齢化を反映して上昇傾向にあることや、アメリカが突出して高いことが挙げられる。日本は1章でも述べた通り、高齢化が最も進展した国であるにもかかわらず、対GDP 比でみた医療費は2017年時点で10.7％とドイツやフランスよりも低くスウェーデンとほぼ同等である。橘木（2002）は「ドイツ、フランスよりも低く、福祉国家である北欧諸国の7％強の数字と同等なのは、特筆に値する」としていた

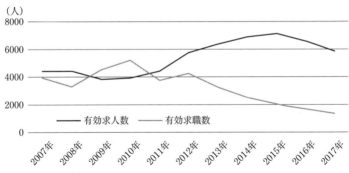

図15-5　ホームヘルパーの有効求人・求職数の推移

（人）

有効求人数　　　有効求職数

（出所）社会福祉協議会『福祉人材の求人・求職の動向』。図15-6も同様。

が、高齢化の進展により数値が上昇したことを除くと、現在も同じような状況である。

　それに対して、八代（2011）は経済規模に対して医療費の水準が低いにもかかわらず、長い平均寿命を達成していることが現状の医療制度の効率性を示すという通説を以下のように批判する。日本では医療費と平均寿命に単純な関係がなく、平均寿命の長さは肥満人口比率やアルコール摂取量の低さが示すように、健康リスクの低さによるものであり、医療費の効率性によるものではないとする。さらに、地域間の一人当たり医療費の格差が大きく、この格差は高齢者比率の違いだけでは説明できないため、過剰な病床数や高額な医療機器等といった供給側の非効率性の要因が大きいとする。そのうえで、医療の質を問わない出来高払いの診療報酬という統制経済の一方、医師開業の自由と患者の医療機関へのフリーアクセスという自由放任体制との組み合わせにより、他の先進国と比べて過大な病床数や高額検査機器の一方で、医学部定員の抑制策から医師の不足と偏在を生み出したと批判する。

　介護に関する論点として、介護労働力不足を取り上げたい。**図15-5**、**図15-6**はホームヘルパーとホームヘルパー以外の介護職の求人、求職の動向を示したものである。ホームヘルパー、ホームヘルパー以外の介護職ともに2009年、2010年は求職＞求人であったものの、それ以外は求職＜求人であり、近年はその差が拡大し2017年ではホームヘルパーの有効求人倍率が4.29、ホームヘルパー以外介護職では5.35倍となっている。これは、就職希望者1人に対して、4～5の企業が

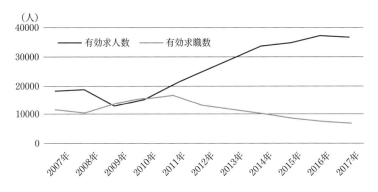

図15-6　介護職（ホームヘルパー以外）の有効求人・求職数の推移

従業員を探していることを意味し、介護業界の人手不足が明らかであることを示している。根本的な原因は、介護職の給料が低いことが挙げられる。そのうえ、景気が回復傾向にあり他産業でも人手不足で賃金が上昇しているために、介護職から他産業に人材が流出している。例えば、鈴木（2011）は介護産業の時給が100円高まると、他産業への転職確率が20.5％減少し、他産業の時給が100円高まると、他産業への転職確率が12.9％増加することを実証している。

　介護産業が完全競争市場であるならば、ミクロ経済学の需給分析が示すように、人手不足は賃金の上昇によって解消する。しかし、介護産業は完全競争市場とは全く異なる。介護保険サービスの価格は、介護報酬という固定価格に設定されており、人件費率が高い介護供給者は賃金を引き上げる余地は少ない。このような状況の下で、政府は介護サービス価格を上げるどころか、2015年には介護報酬点数を2.27％引き下げた。このことが、介護サービス産業を停滞させて、労働需要と労働供給の差をさらに拡大させることで介護職員不足をいっそう深刻化させた。下野（2019）は2011年までは介護職員の求人数と求職者数がほぼ一致しており、2012年以降、介護報酬点数（介護サービス価格）が上がらないことによって、介護職員の賃金が上昇しなかったことを介護職員が不足した原因とする。

15.5　介護労働者不足と外国人労働者の受入れ

　15.4で述べたように、介護労働者の不足は深刻化し、今後はさらに深刻化することが予想されている。高齢化率は2019年9月時点で28.4％であり、世界で最も

表15-1　外国人介護職員を雇用できる4つの制度の概要

	EPA に基づく外国人福祉士候補者の雇用	在留資格「介護」をもつ外国人	技能実習制度を活用した外国人	特定技能を持つ外国人
制度の開始時期	2008年（インドネシア） 2009年（フィリピン） 2014年（ベトナム）	2017年	2017年	2019年
介護福祉士の資格	なし	あり	なし	なし
勤務期間の制限	永続的な就業 可能	永続的な就業 可能	最長5年	最長5年 技能実習と特定技能を合わせて最長10年
日本語能力	N3程度 入国時は尼・比：N5 越：N3	N2程度	N4程度	N4以上
家族の帯同	可能	可能	禁止	1号：禁止 2号：可能
就業者数	3000名弱	177人 （2018年6月）	247人 （2018年10月末）	2019年度は5000人予定

（出典）下野（2019）、厚生労働省HP　https://www.mhlw.go.jp/content/12000000/000496822.pdf
（注）N1：幅広い場面で日本語を理解することができる、N2：日常的に使われる日本語の理解に加えて、より広い場面で使われる日本語を理解できる、N3：日常的な場面で使われる日本語をある程度理解できる、N4：基本的な日本語を理解することができる、N5：基本的な日本語をある程度理解することができる

高く、今後も高齢化が進展することが予測されている。それにともない、高齢者介護に対する需要もますます高まることが予想され、2025年には約37万人、2035年には約79万人の介護人材が不足するとも言われている。

　現在、外国人介護職員を雇用できる制度として、①EPA（経済連携協定）に基づく外国人介護福祉候補者の雇用、②日本の介護福祉養成校を卒業した在留資格「介護」をもつ外国人の雇用、③技能実習制度を活用した外国人（技能実習生）の雇用に加えて、④在留資格「特定技能1号」をもつ外国人雇用が存在する。最も歴史があるのは2008年に始まった①EPAによるインドネシア、フィリピン、ベトナムからの受入れであり、現在まで約4000人が来日した。2017年に②在留資格「介護」と③「技能実習制度」の制度が設けられ、さらに政府は2019年4月に④在留資格「特定技能1号」を新設し、介護分野での介護労働者の受入れを開始した。政府は介護業で2019年度中に5000人、2023年度までの5年間で最大6万人の受入れを見込んでいる。概要に関しては、**表15-1**に示すとおりである。

　しかしながら、下野（2019）はこれらの方法が介護職員不足の対策にならない

とする。①〜③では介護労働者の不足を補うには不十分であり、④については、以下の問題がある。第1に、大量の外国人労働者を受け入れつつ、それに伴う労働基準監督官の増員がないと、外国人技能実習生に対して起こっている「賃金・割増賃金」不払いなどの労働基準法の法令違反が懸念される。第2に、大量の外国人介護労働者の導入により、介護労働者の賃金の低下をはじめとした労働条件の悪化が起こる。第3に、特定技能1号の労働者が職場を変わることを容認したことで、低い賃金の地方から都市に労働者が移動し、地方の労働者不足の解決にならない。さらにロボットの導入に関しても、将来はともかく、介護ロボットの導入やIT化が介護職員の負担を減らしているという明確な証拠はないとする。つまり、介護職員の不足は介護職員の賃金を上昇させる以外に道はなく、そのための税負担を受け入れるべきだとする。

　高齢化が今後ますます進展し、介護需要がそれに合わせてより高まることは間違いない。一方、介護労働者の供給は介護需要を満たすように増えないために、介護労働者の需給ギャップがより大きくなることは政府も予測している。このような背景があり、政府も外国人の介護労働者の受入れを積極的に推進している。しかし、介護労働者の供給が増えない根本原因は、介護労働者の労働条件が悪いことにある。その背景には、従来は介護の専門性が認識されず、家族がすることを代わりにしてもらうという認識があると考えられる。このような状況の下で、労働条件を改善することなく、外国人労働者を受け入れることは介護労働者の賃金低下を招き、逆に日本人が介護労働市場に参入することを躊躇させることにつながる。このことは、長期的に考えると、専門性を有した介護労働者の参入を抑制し、介護労働市場の需給ギャップを広げる可能性もある。優先すべきことは、介護福祉士の専門性を適切に評価して、専門性にふさわしい雇用環境の創出を図るべきである。

　15章では高齢化が進展するとさらに問題が深刻化することが予測される医療と介護について取り上げた。第1に、医療保険制度の概要と歴史的変遷について取り上げた。第2に、2000年に開始した介護保険制度が制定された背景に触れた。1980年代に提唱された「日本的福祉国家」論は核家族化が進展したことなどによって無理であることが明らかになり、社会的入院が深刻化したことにより、保険原理に基づく制度が構築され、1997年には介護保険法が成立した。第3に、日本の医療保険制度と介護保険制度に関する論点の一部を紹介した。日本の医療保険

制度に関しては、高齢化が進展しているにもかかわらず GDP に占める医療費の低さと平均寿命の長さから比較的効率的に運用されているとの評価がある一方で、過剰な病床数や医師不足と偏在といった問題を指摘する声もある。介護に関しては、介護労働力不足といった問題が指摘される。この問題に対処するためには、介護の専門性を適切に評価して、それに見合った報酬を支払い、その負担を国民全体が受け入れる必要があると考える。

参考文献

青木玲子（2012）「ドメイン式投票方式と所得再分配」青木玲子・浅子和美編『効率と公正の経済分析―企業・開発・環境―』ミネルヴァ書房

阿藤誠（1995）「国際人口開発会議（カイロ会議）の意義：新行動計画と有効性」『人口問題研究』50(3), pp. 1-17.

阿藤誠（2000）『現代人口学』日本評論社

阿藤誠（2012）「人口開発問題と国際社会の対応」阿藤誠・佐藤龍三郎編『世界の人口開発問題』原書房

阿部彩（2008）『子どもの貧困―日本の不平等を考える』岩波新書

阿部彩・國枝繁樹・鈴木亘・林正義（2008）『生活保護の経済分析』東京大学出版会

阿部正浩（2009）「人口減少・高齢社会の進展と労働市場」清家篤編『高齢者の働きかた』ミネルヴァ書房

尹豪（2013）「中国の人口政策と出生性比問題」『福岡女子大学国際文理学部紀要　国際社会研究』Vol. 12, pp. 1-12.

印南一路（2009）『「社会的入院」の研究』東洋経済新報社

石川晃（1988）「わが国における1947年以後の人口高齢化の要因分析」『人口問題研究』第45巻第3号、56-65頁。

石川晃（2002）「わが国における人口高齢化の要因分析」『人口問題研究』第58巻第3号、45-62頁。

伊藤公一朗（2017）『データ分析の力：因果関係に迫る思考法』光文社新書

井上孝（2004）「首都圏における高齢化の進展」井上孝・渡辺真知子編『首都圏の高齢化』原書房

井堀利宏（1999）『経済学で読み解く日本の政治』木鐸社

岩澤美帆（2002）「近年の期間 TFR 変動における結婚行動および夫婦の出生行動の変化の寄与について」『人口問題研究』58(3), pp. 15-44.

氏原正治郎編（1985）『都市高齢者の雇用問題』日本労働協会

宇南山卓（2011）「結婚・出産と就業の両立可能性と保育所の整備」『日本経済研究』65, pp. 1-22.

宇南山卓・大野太郎（2017）「貯蓄率の低下は高齢化が原因か？」『経済研究』Vol. 68, No. 3, pp. 222-236.

浦川邦夫・松浦司（2007）「相対的格差が生活満足度に与える影響―「消費生活に関す

るパネル調査」による分析」『家計経済研究』73, pp. 61-70.

大泉啓一郎（2007）『老いていくアジア』中公新書

大竹文雄（2005）『日本の不平等』日本経済新聞社

太田聰一（2002）「若年失業の再検討―その経済的要因」玄田有史・中田喜文編『「リストラ」と転職の経済分析』東洋経済新報社

太田聰一（2010）『若年者就業の経済学』日本経済新聞出版社

太田聰一・玄田有史・近藤絢子（2007）「溶けない氷河―世代効果の展望」『日本労働研究雑誌』569, pp. 4-15.

大淵寛（1974）『人口過程の経済分析』新評論

大淵寛・森岡仁（1981）『経済人口学』新評論

岡崎陽一（1993）『人口分析ハンドブック』古今書院

岡崎陽一（1999）『人口統計学 [増補改訂版]』古今書院

小黒一正（2010）『2020年、日本が破綻する日』日経プレミアシリーズ

小塩隆士（2013）『社会保障の経済学　第4版』日本評論社

介護保険制度史研究会編著（2016）『介護保険制度史―基本構想から法施行まで―』社会保険研究所

梶谷懐（2018）『中国経済講義』中公新書

加藤久和（2001）『人口経済学入門』日本評論社

加藤久和（2007）『人口経済学』日経文庫

兼清弘之（2002）「日本における人口研究の歴史」日本人口学会編『人口大事典』培風館

金子隆一（2001）「人口統計学の展開」『日本統計学会誌』31(4), pp. 345-377.

金子隆一（2004）「出生数変動の構造分析」大淵寛・高橋重郷編『少子化の人口学』原書房

金子隆一（2010）「人口減少時代の人口統計学」『厚生の指標』57(3), pp. 42-45.

金子隆一・佐藤龍三郎編（2016）『ポスト人口転換期の日本』原書房

川口章（2008）『ジェンダー経済格差』勁草書房

川口弘・川上則道（1989）『高齢化社会は本当に危機か』あけび書房

神林龍（2017）『正規の世界・非正規の世界』慶応義塾大学出版会

鬼頭宏（1996）「第19章　生活水準」西川俊作・尾高煌之助・斎藤修編『日本経済の200年』日本評論社

鬼頭宏（2000）『人口から読む日本の歴史』講談社学術文庫

国友直人（2019）「失われた50年」国友直人・山本拓編『統計と日本社会』東京大学出版会

クラーク, グレゴリー（2009）『10万年の世界経済史』日経BP社

黒木登志夫（2007）『健康・老化・寿命―人といのちの文化誌』中公新書

玄田有史（2001）「結局、若者の仕事がなくなった―高齢社会の若年雇用」橘木俊詔・
　　デービット・ワイズ編『【日米比較】企業行動と労働市場』日本経済新聞社

小池和男（2005）『仕事の経済学　第3版』東洋経済新報社

河野稠果（2000）『世界の人口　第2版』東京大学出版会

河野稠果（2007）『人口学への招待　少子・高齢化はどこまで解明されたか』中公新書

児玉直美・小滝一彦・高橋陽子（2005）「女性雇用と企業業績」『日本経済研究』52, pp.
　　1-18.

小峰隆夫（2010）『人口負荷社会』日経プレミアシリーズ

齋藤修（2013）『プロト工業化の時代』岩波現代文庫

佐藤俊樹（2000）『不平等社会日本：さよなら総中流』中公新書

澤田佳世（2014）『戦後沖縄の生殖をめぐるポリティクス』大月書店

Siegel Jordan・児玉直美（2011）「日本の労働市場における男女格差と企業業績」、
　　RIETI Discussion Paper, 16-J-010.

島一則（2014）「大学教育投資の経済効果」『季刊個人金融』pp. 2-14.

島澤諭（2009）『孫は祖父より1億円損する―世代会計が示す格差・日本』朝日新聞出
　　版

下野恵子（2017）『「所得増税」の経済分析』ミネルヴァ書房

下野恵子（2019）『介護保険解体の危機』法政大学出版局

菅沼隆・土田武史・岩永理恵・田中総一郎編（2018）『戦後社会保障の証言―厚生官僚
　　120時間オーラルヒストリー』有斐閣

杉田菜穂（2010）『人口・家族・生命と社会政策：日本の経験』法律文化社

杉田菜穂（2017）『人口論入門』法律文化社

菅野和夫（2012）『労働法　第十版』弘文堂

鈴木亘（2010）『財政危機と社会保障』講談社現代新書

鈴木亘（2011）「介護産業が成長産業になるための条件」鈴木亘・八代尚宏編『成長産
　　業としての医療と介護』日本経済新聞出版社

鈴木亘（2018）『経済学者、待機児童ゼロに挑む』新潮社

清家篤・山田篤裕（2004）『高齢者就業の経済学』日本経済新聞出版社

盛山和夫（2007）『年金問題の正しい考え方』中公新書

内閣府（2011）『平成23年度版経済財政白書』

日本統計研究所編（1958）『日本経済統計集―明治、大正、昭和』日本評論新社

高岡裕之（2011）『総力戦体制「福祉国家」』岩波書店

高木朋代（2008）『高年齢者雇用のマネジメント』日本経済新聞出版社

高田保馬（1926）「産めよ殖えよ」『経済往来』

橘木俊詔（1998）『日本の経済格差』岩波新書

橘木俊詔（2002）『安心の経済学』岩波書店

橘木俊詔・浦川邦夫（2006）『日本の貧困研究』東京大学出版会

橘木俊詔・木村匡子（2008）『家族の経済学』NTT 出版

橘木俊詔（2011）『無縁社会の正体―血縁・地縁・社縁はいかに崩壊したか』PHP 出版

田多英範編（2018）『厚生（労働）白書を読む』ミネルヴァ書房

玉井金吾・杉田菜穂（2014）「人口問題からみた日本社会政策論史―南亮三郎を手掛かりに―」『経済学研究』第 2 巻第 1 号, pp. 1-18.

寺村絵里子（2018）「ワークライフバランス」白木三秀編『人的資源管理の力』文眞堂

中澤渉（2014）『なぜ日本の公教育費は少ないのか：教育の公的役割を問い直す』勁草書房

中室牧子（2015）『「学力」の経済学』ディスカヴァー・トゥエンティワン

中室牧子・津川友介（2017）『「原因と結果」の経済学』ダイヤモンド社

永瀬伸子（2014）「育児短時間の義務化が第 1 子出産と就業継続、出産意欲に与える影響：法改正を自然実験とした実証分析」『人口学研究』50, pp. 29-53.

西内啓（2013）『統計学が最強の学問である』ダイヤモンド社

ノーマフィールド（2009）『小林多喜二―21世紀にどう読むか』岩波新書

濱口桂一郎（2014）『日本の雇用と中高年』ちくま新書

樋口美雄・佐藤一磨（2010）「女性就業・少子化」樋口美雄編『労働市場と所得分配』慶応義塾大学出版会

平田渉（2012）「人口経済と経済成長：経済成長論からのレッスン」『金融研究』pp. 121-162.

二神孝一（2012）『動学マクロ経済学』日本評論社

ヘックマン, ジェームズ（2015）『幼児教育の経済学』東洋経済新報社

別府志海（2012）「死亡力転換と長寿化のゆくえ」阿藤誠・佐藤龍三郎編『世界の人口開発問題』原書房

北條雅一（2018）「学歴収益率についての研究の現状と課題」『日本労働研究雑誌』60(5), pp. 29-38.

堀内四郎（2001）「死亡パターンの歴史的変遷」『人口問題研究』57(4), pp. 3-30.

堀勝洋（2009）『社会保障・社会福祉の原理・法・政策』ミネルヴァ書房

ホリオカ, チャールズ・ユウジ（2004）「団塊世代の退職と日本の家計貯蓄率」樋口美雄編『団塊世代の定年と日本経済』日本評論社

増田幹人（2015）「子ども数と教育費負担との関係」『季刊社会保障研究』51(2), pp. 223-232.

松浦司（2007）「子どもと生活満足度」『日本経済研究』57, pp. 71-93.

松浦司（2009）「出生意図と出生行動」『経済分析』181, pp. 1-22.

松浦司（2011）「相対所得が出産に与える影響」『経済分析』185, pp. 46-66.

松浦司（2014）「人口の高齢化」小崎敏男・永瀬伸子編『人口高齢化と労働政策』原書房

松浦司（2014）「高齢社会の経済成長と所得格差・貧困」松浦司編『高齢社会の労働市場分析』中央大学出版部

松浦司（2016）「東京都の高齢化」『東京・多摩地域の総合的研究』中央大学出版部

松浦司・照山博司（2013）「子ども数が生活満足度に与える影響」瀬古美喜・照山博司・山本勲・樋口美雄編『日本の家計行動のダイナミズムⅨ』慶応義塾大学出版会

松戸清裕（2011）『ソ連史』ちくま新書

水落正明（2010）「夫の育児と追加出生に関する国際比較分析」『人口学研究』46, pp. 1-13.

三土修平（1996）『初歩からの経済数学　第2版』日本評論社

南亮進・牧野文夫編（2012）『中国経済入門』日本評論社

南亮進・牧野文夫（2017a）「所得と資産の分配」深尾京司・中村尚史・中林真幸編『岩波講座　日本経済の歴史3　近代1』岩波書店

南亮進・牧野文夫（2017b）「所得と資産の分配」深尾京司・中村尚史・中林真幸編『岩波講座　日本経済の歴史4　近代1』岩波書店

南亮進・牧野文夫（2018a）「所得と資産の分配」深尾京司・中村尚史・中林真幸編『岩波講座　日本経済の歴史5　現代1』岩波書店

南亮進・牧野文夫（2018b）「所得と資産の分配」深尾京司・中村尚史・中林真幸編『岩波講座　日本経済の歴史6　現代1』岩波書店

村松久良光（1986）「解雇、企業利益と賃金─大手工作機械メーカー13社に関して」『南山経済研究』89, pp. 399-435.

守泉理恵（2015）「日本における少子化対策の展開」高橋重郷・大淵寛編『人口減少と少子化対策』原書房

森口千晶・上村康弘・猪木武徳・川口大司・室賀貴穂（2018）「「日本的」労使関係の形成と労働生産性の上昇」深尾京司・中村尚史・中林真幸編『岩波講座　日本経済の歴史5　現代1』岩波書店

モリス-スズキ, テッサ（2010）『日本の経済思想』岩波書店

森信茂樹（2010）『日本の税制　何が問題か』岩波書店

八代尚宏（2011）「医療・介護サービス改革の主要な論点」鈴木亘・八代尚宏編『成長産業としての医療と介護』日本経済新聞出版社

矢野眞和（2018）『大学の条件: 大衆化と市場化の経済分析』東京大学出版会

山口一男（2009）『ワークライフバランス:実証と政策提言』日本経済新聞出版社

山口一男（2017）『働き方の男女不平等：理論と実証分析』日本経済新聞出版社

山田昌弘（1999）『パラサイト・シングルの時代』ちくま新書

山本勲（2010）「賃金調整・雇用調整とフィリップス曲線の変化」樋口美雄編『労働市場と所得分配』慶応義塾大学出版会

吉川洋（2012）『高度成長：日本を変えた6000日』中公文庫

吉原健二・畑満（2016）『日本公的年金制度史』中央法規

吉原健二・和田勝（2008）『日本医療保険制度史【増補改訂版】』東洋経済新報社

若林敬子（2006）「近年にみる東アジアの少子高齢化」『アジア研究』Vol. 52, No. 2, pp. 95-112.

脇坂明（2018）『女性労働に関する基礎的研究』日本評論社

和田光平（2006）『Excel で学ぶ人口統計学』オーム社

Ahn, N. and P. Mira. (2002), "A Note on the Changing Relationship between Fertility and Female Employment Rate in Developed Countries," *Journal of Population Economics*, 15(4), pp. 667-682.

Alan, S., S. Ertac., and I. Mumcu. (2018), "Gender Stereotypes in the Classroom and Effects on Achievement," *The Review of Economics and Statistics*, 100 (5), pp. 876-890.

Asai, Y., R. Kambayashi, and S. Yamaguchi. (2015a), "Parental leave reforms and the employment of new mothers: Quasi-experimental evidence from Japan," *Labour Economics*, 36, pp. 72-83.

Asai, Y., R. Kambayashi, and S. Yamaguchi. (2015b), "Childcare availability, household structure, and maternal employment," *Journal of Japanese and International Economies*, 38, pp. 172-192.

Auerbach, A. J., J. Gokhale, and Kotlikoff, L. J. (1991), "Generational accounts: A meaningful alternative to deficit accounting," in D. Bradford, ed., '*Tax Policy and the Economy*', Vol. 5, The MIT Press, pp. 55-110.

Baird, S., J. Friedman, and N. Schady. (2011), "Aggregate Income Shocks and Infant Mortality in Developing World," *The Review of Economics and Statistics,* 93(3), pp. 847-856.

Banerjee, A. V. and E. Duflo. (2011), *Poor Economics: A Radical Rethinking of the Way to Fight Grobal Poverty*, Brockman Inc.（バナジー・デュフロ『貧乏人の経済学』みすず書房2012）

Barro, R. J. and G. S, Becker. (1989), "Fertility Choice in a Model of Economic Growth," *Econometrica,* 57(2), pp. 481-501.

Beck, U.（1986）, *Risikogesllschaft: Auf dem Weg in eine andere Moderne*, Suhrkamp Verlag.（ベック・ウルリヒ『危険社会―新しい近代への道』法政大学出版局1998）

Becker, G. S, and R, J, Barro.（1988）, "A Reformulation of Economic Theory of Fertility," *The Quarterly Journal of Economics*, 103（1）, pp. 1-25.

Becker, G. S.（1960）, "An Economic Analysis of Fertility," in Coale, A. ed. *Demographic and Economic Change in Developed Counties*, Princeton, Princeton University Press.

Becker, G. S. and H. G. Lewis.（1973）, "On the Interaction between the Quantity and Quality of Children," *Journal of Political Economy*, 81（2）, pp. 279-288.

Becker, G. S., K. M. Murphy and R. Tamura.（1990）, "Human Capital, Ferttility, and Economic Growth," *Journal of Political Economy*, 98（5）, pp. 12-37.

Bell, B., A. Bindler, and S. Machin.（2018）, "Crime Scars: Recssion and the Making Carrer Criminal," *The Review of Economics and Statistics*, 100（3）, pp. 392-404.

Bertrand, M.（2011）, "New Perspectives on Gender," in D, Card, and O, Ashenfelter eds, *Handbook of Labor Economics 4B*, pp. 1453-1590.

Black, D. A., N. Kolesnikova., S. G. Sanders, and L. J. Taylor.（2013）, "Are Children "Normal"?," *The Review of Economics and Statistics*, 95（1）, pp. 21-33.

Black, S. E. and P. J. Devereux.（2011）, "Recent Development in Intergenerational Mobility," in D, Card, and O, Ashenfelter eds, *Handbook of Labor Economics 4B*, pp. 1487-1541.

Blacker, C. P.（1947）, "Stages in Population Growth," *The Eugenics Review*, 39（3）, pp. 88-101.

Blinder, A.（1973）, "Wage Discrimination: Reduced Form and Structual Estimate," *Journal of Human Resources*, 8, pp. 436-455.

Björklund, A., M. Lidahl., and E. Plug.（2006）, "The Origins of Intergenerational Association: Lessons from Swedish Adoption Data," *The Quarterly Journal of Economics*, 121（3）, pp. 999-1028.

Böhlmark, A. and M. J. Lindquist.（2006）, "Life‐Cycle Variations in the Association between Current and Lifetime Income: Replication and Extension for Sweden," *Journal of Labor Economics*, 24（4）, pp. 879-896.

Booth, A. and E. Yamamura.（2018）, "Performance in Mixed-Sex and Competitions: What we can learn from Speedboat Race in Japan," *The Review of Economics and Statistics*, 100（4）, pp. 581-593.

Boserup, E.（1965）, *The Conditions of Agricultural Growth*, Transaction.（エスター・ボズラップ『農業成長の諸条件―人口圧による農業変化の経済学』ミネルヴァ書房1975）

Butz, W. P. and M. P. Ward. (1979), "The Emergence of Countercyslical U.S. Fertility," *The American Economic Review*, 69(3), pp. 318-328.

Caldwell, J. C. (1976), "Toward a Restatement of Demographic Transition Theory," *Population and Development Review*, 2(3-4), pp. 321-366.

Campa, P. and M. Serafinelli. (2019)," Politico-Economic Regimes and Attitude: Female workers under State Socialism," *The Review of Economics and Statistics*, 101(2), pp. 233-248.

Carr, E. H. (1969), *1917: Before and After*, London: Macmillan. (E. H. カー『ロシア革命の考察』みすず書房1969)

Coale, A. J. and P. Demeny with B. Vaughan. (1983), *Regional Model Life Table and Stable Populations*, New York: Academic Press.

Coale, A. J. and E. M. Hoover. (1958), *Population Growth and Economic Development in Low-Income Countries*, Princeton: Princeton University Press.

Cohen, A., R. Dehejia, and D. Romanov. (2013), "Financial Incentive and Fertility," *The Review of Economics and Statistics*, 95(1), pp. 1-20.

Davis, K. (1963), "The Theory of Change and Response in Modern Demographic History," *Population Index*, 29, pp. 345-336.

Dahl, G. B, Løken, K. V., Mogstad, M. and Salvanes, K. V. (2016), "What is the Case for Paid Maternity Leave?" *The Review of Economics and Statistics*, 98(4), pp.655-670.

Deaton, A. (2013), *The Great Escape: Health, Wealth, and the Origins of Inequality*, Princeton University Press. (アンガス・ディートン『大脱出』みすず書房2014)

Demeny, P. (1986), "Pronatalist Policies in Low-Fertility Countries: Patterns, Performance and Prospects," *Population and Development Review*, 12, pp. 335-358.

Dickert-Conlin, S. and A. Chandra. (1999), "Taxes and the Timing of Births," *Journal of Political Economy*, 107(1), pp. 161-177.

Easterlin, R. A. (1987), *Birth and Fortune: The Impact of Numbers on Personal Welfare*, Second editon, Chicago, The University of Chicago Press.

Easterlin, R. A. (1995), "Will raising the incomes of all increase the happiness of all?" *Journal of Economic Behavior and Organization*, 27, pp. 35-47.

Ehrlich, P. R. (1968), *Population Bomb*, Ballantive Books. (エーリック『人口爆弾』河出書房新社1974)

Esping-Andersen, G. (1990), *The Three Worlds of Welfare Capitalism*, Oxford, Blackwell. (G・エスピン=アンデルセン『福祉資本主義の三つの世界』ミネルヴァ書房1991)

Feldstein, M. and C. Horioka. (1980), "Domestic saving and international capital flows,"

The Economic Journal 90, pp. 314-329.

Feyrer, J. (2007), "Demographics and Productivity," *The Review of Economics and Statistics*, 89(1), pp. 100-109.

Fogel, R. W. (2004), *The Escape from Hunger and Premature Death, 1700-2100*. Cambridge, UK: Cambridge University Press.

Fortin, N., T. Lemieux, and S. Firpo. (2011), "Decomposition Methods in Economics," in Ashenfelter, O, and D, Card eds, *Handbook of Labor Economics*, Vol. 4B, pp. 1-102.

Fortson, J. G. (2011), "Mortality Risk and Human Capital Investment: The Impact of HIV/AIDS in Sub-Saharan Africa," *The Review of Economics and Statistics*, 93(1), pp. 1-15.

Galor, O. and D. N. Weil. (1996), "The Gender Gap, Fertility, and Growth," *The American Economic Review*, 86(3), pp. 374-387.

Genda, Y., A. Kondo, and S. Ohta. (2010), "Long-Term Effects of a Recession at Labor Market Entry in Japan and the United State," *Journal of Human Resources*, 45, pp. 157-196.

Gerschenkron, A. (1962), *Economic Backwardness in Historical Perspective*, Belknap Press. (ガーシェンクロン『経済後進性の史的展望』日本経済評論社2016)

Giddens, A. (2001), *Sociology* 4th edition. (アンソニー・ギデンズ『社会学 第 4 版』而立書房2004)

Hayami, Y. and Y. Godo. (2005), *Development Economics* (3rd edition), Oxford University Press.

Hanushek, E. A. (1992), "The Ttade-off between Child Quantity and Quality," *Journal of Political Economy*, 100(1), pp. 84-117.

Hara, H. (2018), "The gender wage gap across the wage distribution in Japan: Within- and between-establishment effects," *Labour Economics*, 53, pp. 213-229.

Jäntti, M., M. Bratsberg., K. Røed., O. Raaum., R. Naylor., E. Österbacka., A. Björklund., and T. Eriksson. (2006), "American Exceptionalism in a New Light: A Comparison of Intergenerational Earnings Mobility in the Nordic Countries, the United Kingdom and the United States," *IZA Discussion Paper* 1938.

Jones, C. (1999), "Growth: With or Without Scale Effects?" *The American Economic Review*, 89(2), pp. 139-144.

Jones, C. (2008), *Macroeconomics* 2nd edition.

Kambayashi, R. and T. Kato. (2017), "Long-Term Employment and Job Security over the Past 25 Years: A Comparative Study of Japan and the United States," *Industrial Relations and Labor Review*, 70(3), pp. 359-394.

Kambayashi, R., D. Kawaguchi, and I. Yokoyama. (2008), "Wage distribution in Japan, 1989-2003," *Canadian Journal of Economics*, 41(4), pp. 1329-1350.

Kearney, M. S. and P. B. Levine. (2009), "Subsidized Contraception, Fertility, and Sexual Behavior," *The Review of Economics and Statistics*, 91(1), pp. 137-151.

Kimura, M. and D. Yasui. (2010), "The Galor-Weil gender-gap model revisited: from home to market," *Journal of Economic Growth*, 15(4), pp 323-351.

Kögel, T. (2004), "Did the association between fertility and female employment within OECD countries really change its sign?" *Journal of Population Economics*, 17(1), pp. 45-65.

Kögel, T. (2005), "Youth Dependency and Total Factor Productivity," *Journal of Development Economics*, 76, pp. 147-173.

Kondo, A. (2007), "Does the First Job Really Matter? State Dependency in Employment Status in Japan," *Journal of Japanese and International Economies*, 21, pp. 379-402.

Kremer, M. (1993), "Population Growth and Technical Change: One Million B.C. to 1990," *The Quarterly Journal of Economics*, 108, pp. 681-716.

Kremer, M., E. Miguel, and R. Thornton. (2009), "Incentive to Learn," *The Review of Economics and Statistics*, 91(3), pp. 437-456.

Kunze, A. and A. R. Miller. (2017), "Women Helping Women? Evidence from Private Sector Data on Workplace Hierarchies," *The Review of Economics and Statistics*, 99(5), pp. 769-775.

Kureishi, W. and Wakabayashi, M. (2011), "Son preference in Japan," *Journal of Population Economics*, 24, pp. 873-893.

Kuznets, S. (1955), "Economic Growth and Income Inequality," *The American Economic Review*, 45(1), pp. 1-28.

Kuznets, S. (1960), "Population Change and Aggregate Output," in *Demographic and Economic Change in Developed Countries*, Princeton University Press.

Kuznets, S. (1966), *Modern Economic Growth*, New Haven, Yale University Press.（サイモン・クズネッツ『諸国民の経済成長』（西川俊作・戸田泰訳）ダイヤモンド社 1977）

Kuznets, S. (1973), "Modern Economic Growth: Findings and Reflections," *The American Economic Review*, 63, pp. 247-58.

Landry, A. (1934), *La RévolutionDémographique*. Paris: Institut National D'Études Démographiques.

Lazear, E. (1979), "Why Is There Mandatory Retirement?" *Journal of Political Economy*, 87(6), pp. 1261-84.

Leibenstein, H. (1957), *Economic Backwardness and Economic Growth*, New York, Wiley; London: Chapman and Hall.

Leibenstein, H. (1974), "An Interpretation of The Economic Theory of Fertility: Promising Path and Blind Alley?" *Journal of Economic Literture*, 12 (2), pp. 457-479.

Leiter, A. M., H, Oberhofer, and P. A, Raschky (2009), "Creative Disasters? Flooding Effects on Capital, Labour and Productivity within European Firms," *Environmental and Resource Economics*, 43, pp. 333-350.

Lehr, C. S. (2009), "Evidence on the Demographic Transition," *The Review of Economics and Statistics*, 91(4), pp. 871-887.

Lucus, R. E. (1988), "On The Mechanics of Economic Development," *Journal of Monetary Economics*, 22, pp. 3-42.

Maddison, A. (2007), *Contour of the World Economy 1-2030 AD: Essays in Macro-Economic History*. (アンガス・マディソン『世界経済史概説』岩波書店2015)

Malthus, T. R. (1798), *An Essay on the Principle of Population*. (トマス・ロバート・マルサス『人口論』光文社古典新訳文庫)

Mankiw, G. N., D. Romer, and D. Weil. (1992), "A Contribiution to the Empirics of Economic Growth," *The Quarterly Journal of Economics*, 107(2), pp. 407-437.

Matsuura, T. and J, Kageyama (2015), "The Gender Differeces in the Burden of Having Children: Evidence from Life Satisfaction Data," *IERCU Discussion Paper*, 255.

McDonald, P. (2002), "Sustaining Fertility through Public Policy: The Range of Options," *Population*, 57(3), pp. 417-446.

McKewon, T. (1976), *The Modern Rise of Population*, New York: Academic Press.

McKewon, T. (1979), *The Role of Medicine: Dream, Mirage, or Nemesis*, Princeton, NJ: Princeton Press.

Meadows, D. H, et al. (1972), *The Limit to Growth: A Report for the Club of Rome's Projet on the Predicament of Mankind*, New York: Universe Books. (メドウズ『成長の限界』ダイヤモンド社1972)

Milligan, K. (2005), "Subsidizing the Stork: New Evidence of Tax Incentives and Fertility," *The Review of Economics and Statistics*, 87(3), pp. 539-555.

Morgan, S. P. and Rackin, H. (2010), "The correspondence between Fertility Intentions and Behavior in the United States," *Population and Development Review* 36(1), pp. 91-118.

Moriguchi, C. and E, Saez. (2008), "The Evolution of Income Concentration in Japan, 1886-2005: Evidence from Income Tax Statistics," *The Review of Economics and*

Statistics, 90(4), pp. 713-734.

Notestein, F. W. (1945), "Population: The Long View." in *Food for the World*, ed. T. W. Schultz. Chicago: University of Chicago Press.

Notestein, F. W. (1950), The Population of the World in the Year 2000, *Journal of the American Statistical Association*, Vol. 45 No.251, pp. 335-345.

Oaxaca, R. L. (1973), "Male-Female Wage Differentials in Urban Labor Market," *International Economic Review*, 14, pp. 693-709.

Ohkawa, K. and H. Rosovsky. (1965), "A Century of Japanese Economic Growth," in W. W. Lockwood (ed) *The State and Economic Enterprise in Japan*, Princeton University Press,

Ohtake, F. and S. Sano. (2010), "The Effects of Demographic Change on Public Education in Japan," *The Economic Consequences of Demographic Change in East Asia*, NBER-EASE, 19, pp. 193-219.

Olshansky, S. J. and A. B, Ault, (1986), "The Fourth Stage of the Epidemilogic Transition: The Age of Delayed Degenerative Disease," *The Milbank Quarterly*, 64 (3), pp. 355-391.

Omran, A. R. (1971), "The Epidemiologic Transition: A Theory of the Epidemiology of Population Change," *Milbank Memorial Fund Quarterly*, 49(4), pp. 509-538.

Ono, H. (2010), "Lifetime Employment in Japan: Concepts and Mesurements," *Journal of the Japanese and International Economies*, 24(1), p. 1-27.

Oswald, A. J. and N, Powdthawee. (2010), "Daughters and Left-Wing Voting," *The Review of Economics and Statistics*, 92(2), pp. 213-227.

Piketty, T. (2013), *Le Capital au XXIe siècle, du Seuil*. (ピケティ『21世紀の資本』みすず書房2014)

Preston, S. H. (1975), "The Changing Relation between Mortality and Level of Economic Development," *Population Studies*, 29(2), pp. 231-248.

Preston, S. H. (1984), "Children and the Elderly: Divergent Paths for America's Dependents," *Demography*, 21(4), pp. 435-457.

Preston, S. H., P. Heuveline, and M. Guillot (2001), *Demography*, Oxford: Blackwell Publishers.

Pritchett, L. and L, Summers. (1996), "Weathier is Healthier," *The Journal of Human Resources*, 31(4), pp. 841-868

Ravallion, M. (2016), *The Economics of Poverty: History, Measurement, and Policy*, Oxford University Press. (ラヴァリオン『貧困の経済学』日本評論社2018)

Romer, P. (1986), "Increasing Returns and Long-Run Growth," *Journal of Political*

Economy, 94(5), pp. 1002-1037.

Rostow, W. W. (1960), *The Stage of Economic Growth, Investment: Non-Communist Manifesto*, Cambridge. (ロストウ『経済成長の諸段階――一つの非共産党宣言―』ダイヤモンド社1961)

Schellekens, J. (2009), "Family Allowances and Fertility: Socioeconomic Differences," *Demography*, 46(3), pp. 451-468.

Schultz, T. P. (2010)," Population and Health Policies" in D, Rodrik, and M. R. Rosenzweig eds, *Handbook of Development Economics*, Vol. 5, pp. 4785-4881.

Schoen, R., N, Astone. M., Nathanson, C. A., and J. M, Fields. (1999), "Do fertility Intentions Affect Fertility Behavior?" *Journal of Marriage and the Family* 61, pp. 790-799.

Todd, Emmanuel (1976), *La Chute Finale. Essai sur la décomposition de la sphère soviétique*, Robert, Laffont. (エマニュエル・トッド『最後の転落：ソ連崩壊のシナリオ』藤原書店2013)

Todd, Emmanuel (2002), *Après l'empire, Essai sur la décomposition du système américain, Gallimard, Paris*. (エマニュエル・トッド『帝国以後：アメリカシステムの崩壊』藤原書店2003)

Thompson, W. S. (1929), "Population" *American Journal of Sociology*, Vol. 34, No. 6, pp. 959-975.

United Nations (1956), *The Aging of Population and Its Economic and Social Implications*.

Weil. D. N. (2008), *Economic Growth*, Second Edition: Pearson International Edition.

Westoff, C. F. and N. B, Ryder. (1977), "The predictive Validity of Reproductive Intention," *Demography* 14(4), pp. 431-453.

Willis, R. J. (1973), "A New Approach to the Economic Theory of Fertility Behavior," *Journal of Political Economy*, 81(2), pp. 14-64.

Young, A. (1995), "The Tyranny of Numbers: Confronting the Statistical Realities of the East Asian Growth Experience," *The Quarterly Journal of Economics*, 110, pp. 641-680.

Young, A. (2005), "The Gift of the Dying: The Tragedy of AIDS and the Welfare of Future African Generation," *The Quarterly Journal of Economics*, 120 (2), pp. 423-466.

索　引

●著者紹介

松浦 司（まつうら・つかさ）

1977年福井県生まれ。2001年早稲田大学政治経済学部政治学科卒業。2008年京都大学大学院
経済学研究科学修認定退学。博士（経済学）。京都大学経済研究所附属先端政策分析研究セン
ター研究員、中央大学経済学部助教を経て、現在、中央大学経済学部准教授。
専攻：人口学、応用計量経済学。
著書・論文など：『学歴格差の経済学』（共著、勁草書房、2009年）、『肥満と生活・健康・仕
事の格差』（共編著、日本評論社、2014年）、『高齢社会の労働市場分析』（編著、中央大学経
済研究所研究叢書58、中央大学出版部、2014年）ほか。

げんだいじんこうけいざいがく
現代人口経済学

2020年 1 月20日　第 1 版第 1 刷発行
2022年12月30日　第 1 版第 2 刷発行

著　者──松浦 司
発行所──株式会社日本評論社
　　　　　〒170-8474　東京都豊島区南大塚3-12-4　電話　03-3987-8621（販売）、8595（編集）
　　　　　振替　00100-3-16
　　　　　https://www.nippyo.co.jp/
印　刷──精文堂印刷株式会社
製　本──株式会社難波製本
装　幀──林 健造
検印省略 © MATSUURA Tsukasa, 2020
Printed in Japan
ISBN978-4-535-55950-9

JCOPY 〈（社）出版者著作権管理機構 委託出版物〉
本書の無断複写は著作権法上での例外を除き禁じられています。複写される場合は、そのつ
ど事前に、（社）出版者著作権管理機構（電話 03-5244-5088、FAX 03-5244-5089、e-mail:
info@jcopy.or.jp）の許諾を得てください。また、本書を代行業者等の第三者に依頼してスキ
ャニング等の行為によりデジタル化することは、個人の家庭内の利用であっても、一切認め
られておりません。